코로나 이후 대전환 시대의
미래 기술 전망

코로나 이후 대전환 시대의
미래 기술 전망

초판1쇄 인쇄 | 2020년 10월 25일
초판1쇄 발행 | 2020년 11월 2일

지은이 | 김들풀, 김철회, 김익성
펴낸이 | 김진성
감 수 | 차원용
펴낸곳 | 휴이넘북스

편 집 | 허 강
디자인 | 이은하
관 리 | 정보해

출판등록 | 2005년 2월 21일 제2016-000006
주   소 | 경기도 수원시 장안구 팔달로237번길 37, 303호(영화동)
대표전화 | 02) 323-4421
팩   스 | 02) 323-7753
홈페이지 | www.heute.co.kr
전자우편 | kjs9653@hotmail.com

값 18,000원
ISBN 978-89-93132-75-5 03320

코로나 이후 대전환 시대의

미래기술전망
POST CORONA

아스팩미래기술경영연구소 김들풀 김철회 김익성 지음

차원용 감수

Contents

1장

코로나로 인한 뉴노멀 사회

1. 일상을 파괴한 코로나 바이러스

2. 한국의 코로나 대응능력은 어디서 왔을까?

01

일상을 파괴한 코로나 바이러스

우리는 일찍이 경험해본 적이 없는 바이러스 감염과 마비된 일상생활로 공포를 느끼며 살고 있다. 전 세계에서 동시다발적으로 벌어지는 코로나 바이러스 확산을 지켜보며 우리는 생각보다 많이 연결되어 있고, 지구의 생명들과 우리가 서로 연결되어 있다는 것을 체감하고 있다.

중국 우한(武漢)에서 시작된 바이러스 전파 초기, 중국의 '리원량'(李文亮)이라는 의사는 바이러스 위험성을 이미 경고한 바 있다. 그러나 중국 정부는 이러한 경고를 묵살하고 숨기기에 급급했다. 그로 인해 코로나 바이러스가 전 세계로 확대되어 많은 이들이 죽고 공포에 떠는 상황에 이르게 되었다.

너무 많은 희생이 있은 후에야 중국 정부는 적극적인 대응을 취했지만 이미 코로나 바이러스는 전 세계로 확산된 후였다. 또한 일본의 경우에도 2020년 도쿄올림픽 때문에 적극적인 대응을 피하고 확진자

수를 숨기기에 바빴다. 그 결과도쿄올림픽 개최를 연기한다는 발표 이후에 검사자 수를 늘리자마자 확진자 수가 크게 늘어났다. 이로써 우리는 인류 사회가 얼마나 집단이기적이고, 또한 취약한 문명에 기초해 얼마나 위태롭게 살고 있는지를 코로나 바이러스 확산을 통해 알 수 있었다.

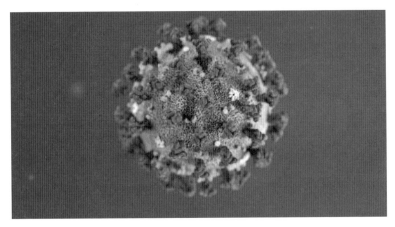

▲ Characteristics and Value of Chatbot through Corona19

코로나 바이러스 피해가 전 세계를 덮친 초기, 우리나라는 일찍이 감염자가 발생했지만 늑장대응보다는 과잉대응이 낫다는 믿음을 가지고 대처했다. 반면 서구 국가에서는 한국 및 아시아인이 마스크를 착용한 모습을 보고 인종차별적 언행을 보이기도 했다. 문화적으로 마스크 착용이 익숙지 않던 서구 사회는 느슨한 대응을 했고, 그 결과 심각한 바이러스 확산으로 이어졌다.

반면 우리나라는 세계가 놀랄 정도로 투명하게 정보를 공개하고 대응해 현재까지는 효과적으로 바이러스 확산을 막아내고 있다. 이에 대해 외신은 한국의 방역체계를 칭찬하며 벤치마킹하자는 분위기가 형성되었고, 전 세계가 한국에 마스크와 바이러스 진단 키트 등을 지원해달라고 요청하기에 이르렀다. 우리 스스로도 우리가 잘하는지 몰랐고, 세계의 반응이 오히려 익숙지 않아 생소한 느낌이 아닐 수 없다.

전 세계를 볼 때 대한민국이 상대적으로 빠른 대응을 해온 기반에는 잘 발달된 정보통신 인프라와 지자체별 대응 시스템과 매뉴얼, 그리고 무엇보다 중요한 시민의식이 자리 잡고 있다.

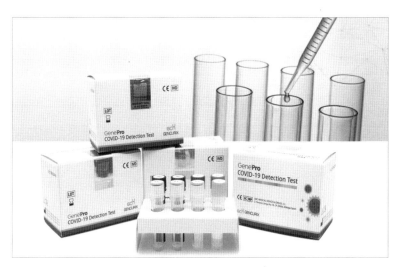

▲ WHO 가이드라인에서 권고하는 RT-PCR 방식의 COVID-19 Detection Test' 코로나 바이러스 진단 키트

코로나19로 인한 현재의 급격한 사회변화에 적응하기 위해 우리 정부는 많은 예산을 투입할 예정이다. 특히 그 변화가 시작되는 시점에서 이 책은 근본적 사회변화를 이끌어 가는 기술변화를 중심으로 논의할 것이다. 코로나19에 우리가 대응해온 과정을 살펴보고, 특히 우리 사회가 가진 인식에 대한 진단을 통해 미래사회로의 변화를 만들어가는 기술을 검토할 것이다.

02

한국의 코로나 대응능력은
어디서 왔을까?

1. 한국 문화에 내재된 적정기술

적정기술 개념을 언급할 때 인도의 주가드
(Juggard) 정신 및 검소한 혁신(frugal innovation)을 이야기한다. 어쩌면 우
리나라처럼 변화가 많았던 사회에서는 그런 적정기술이 일상화되었
는지도 모르겠다.

어릴 적 우리 한국인은 온돌방에서 생활했다. 온돌 주거는 우리가
2천 년 넘게 생활해온 방식이다. 그런데 온돌 주거는 연탄 방식 온돌
로서, 그 후에는 연탄보일러, 기름보일러, 가스보일러를 거쳐 이제는
전기보일러가 일상이 되었다.

우리나라에서는 산업화의 결과로 도시집중화가 진행되었다. 그러
다 보니 한국식 생활방식인 온돌로는 다층 건물을 짓기가 쉽지 않았

다. 그렇게 해서 보일러 기술이 발전하고 단층집이 고층아파트로 변화하면서 수천 년 동안 지속되었던 온돌 기반의 생활이 불과 몇십 년 만에 새로운 형태의 주거생활로 바뀌었다.

▲ 아파트 문화 속에서도 오랫동안 지켜온 온돌은 보일러 형태로 적용되었다.
(국내 최초 연탄보일러 아파트인 마포구 도화동의 마포아파트)

이런 즉시성은 우리가 삶 속에서 위기상황을 만나면 거기서 벗어나기 위한 빠른 대응으로 나타나기도 한다. 이번 코로나 바이러스 확산 상황이 대표적이다. 무섭게 퍼지는 코로나 바이러스를 막으려는 긴급한 대응을 위한 즉흥적 대처는 혁신의 한 형태로 나타났다.

우리나라가 빠른 시기에 산업혁명을 이룬 배경에는 변화에 빠르게 대처하는 문화가 있었다. 서울의 청계천 세운상가에서는 무엇이든 만들 수 있고 그곳 기술자들은 탱크와 미사일도 만들 수 있다는 이야기가 나올 만큼, 한국 사회는 자체적으로 무엇이든 만들어내는 기질이 발달해 있다. 이것이야말로 산업화를 성공시킨 원동력이지 않나 생각한다.

코로나 바이러스로 인해 우리는 급격한 변화에 적응하기 위한 준비가 필요하다. 현재 한국 사회에서 벌어지는 다양하면서도 즉흥적인 대응은 최첨단 기술 활용이 아닌, 그 상황에서 가장 적절한 기술을 찾고 빨리 적용한다는 면에서 적정기술이라고 할 수 있다.

2. 원격의 일상화

코로나 바이러스 사태 이후 세계는 우리에게 많은 변화를 불러올 것이다. 바이러스로 인해 원격근무가 많아지고 근로계약이 변경될 수도 있으며, 생산과 소비 경제의 우선순위가 달라질지도 모른다. 경제 주체가 되는 사람들의 생활이 바뀌면서 관련 산업도 요동칠 것이다. 삶의 방식은 물론 경제 시스템의 변화도 피할 수 없을 것이다.

얼마 전 외국계 기업에서 인터넷 환경이 잘 구축되지 않은 인도의 경우에 통제가 진행되다 보니 업무에 문제가 발생했다는 이야기가 전해졌다. 반면 우리나라는 가정마다 인터넷 환경이 잘 구축되어 있고, 모바일로까지 인터넷 접속이 되다 보니 온라인 회의가 늘고 있다.

또한 코로나 바이러스로 인해 학교 개학이 늦어지다 보니 온라인 개학이 결정됐다. 그 결정으로 학교는 온라인 교육의 중심이 되었고, 교사 또한 온라인 강의로 새로운 경험을 하고 있다.

회사와 학교뿐 아니라 각종 모임 방식도 바뀌고 있다. 개발자 커뮤니티의 경우에 온라인 회의를 통한 글로벌 미팅이 늘고 있고, 화상회의를 하면서 각자 맥주를 마시는 파티도 열리고 있다. 코로나 바이러스로 인해 많은 피해가 발생한 교회의 경우에도 대다수가 온라인으로 예배를 진행하고 있다.

이처럼 코로나 바이러스는 일하는 방식과 교육 등 모든 활동에 변화를 가져오고 있다. 바이러스로 인해 물리적 거리가 떨어져 있더라도 마음만은 서로 연결되어 있어야 한다. 그 중심에 정보통신기술이 큰 역할을 하고 있다.

3. 참여하고 연대하는 시민정신

코로나 바이러스 발생 초기에 뉴스는 연일 해외에서 벌어지는 사재기 광경을 보여주었다. 특히 미국에서 총기까지 사재기 대상이 되는 것을 보며 문화적 경험이란 위기에 나타난다는 생각을 할 수 있었다. 과거 미국의 경우, 유럽에서 온 많은 사람들이 서로 먼저 황금을 캐기 위해 서쪽으로 이동해가면서 위협으로부터 스스로를 지킬 수 있게 한 것은 총이었다. 그런 역사적 경험이 코로나 사태 속에서도 그들에게 총과 탄약을 사게 만든 요인이 되었다.

반면 우리나라는 가깝게는 평화로운 촛불시위로 2017년 정권을 바꾸기도 했고, 과거 1980년 광주에서 쿠데타 계엄군들의 총칼에 의해 도시가 폐쇄된 상태에서도 시민 스스로 질서를 유지했던 역사적 기억이 있다. 성공회대학의 한홍구 교수는 5.18 시절 정부군과 대치한 시민들의 모습을 다음과 같이 묘사했다.

"인류 역사에서 보기 어려운 일이었어요. 정말 놀라운 일이지. 무기가 수천 정이 풀렸는데 강도 사건이 하나도 일어나지 않았어요. 물자가 부족했지만 아무도 매점매석한 사람이 없었고. 그게 바로 대동세계(大同世界)이죠. 그때를 생각하면 죽어도 여한이 없다는 사람을 만나 본 적이 있어요."

필자 생각에, 한국 사회에 사재기가 없는 것은 서로에 대한 배려와 공동체가 함께 위기를 이겨내려는 의지에서 비롯되지 않았나 싶다. 독재정권하에서는 탄압에 맞서 스스로 조직하고 싸웠으며, 외환위기를 겪자 가지고 있던 금을 자발적으로 내놓고 모았던 뿌듯한 경험을 우리는 가지고 있다.

사람들이 스스로 조직하고 행동했던 기억은 2016년부터 2017년까지 진행된 촛불시민혁명에서도 나타났다. 언론에서 연일 참가자 수를 축소 발표하자 다양한 기술로 과학적 집계를 했던 사례도 있다. 다음은 당시의 관련 기사이다.

[IT NEWS] 5차 촛불집회 참가자수 집계도 IT기술로? (2016년 11월 25일)

▲ 측정 스팟 선정 및 인력 배치 과정 및 결과. (출처: 조이코퍼레이션)

최근 집회 참가자 수를 두고 주최 측과 경찰 측이 많게는 5배까지 차이가 나 논쟁이 끊이질 않는 가운데, 국내 한 IT 서비스 기업이 촛불집회 참가자 수 집계 시스템을 선보였다. IT 서비스 기업 조이코퍼레이션은 오프라인 매장 방문객 빅데이터 분석 솔루션을 제공하는 업체로 간이용 기기를 바탕으로 4차 광화문 집회 참가자들의 스마트폰 와이파이 무선 신호를 잡아 집회 참가자 수를 파악했다. 집회 참가자를 집계한 조이코퍼레이션의 워크인사이트 기술은 본래 오프라인 매장의 방문객 추이를 측정하고 분석하기 위해 개발했다. 워크인사이트는 조이스퀘어(ZOYI Square)란 센서를 통해서 스마트폰에서 발생하는 와이파이(Wi-Fi) 및 블루투스 신호를 탐지한다. 스마트폰은 근처에 접속 가능한 기기가 있는지 탐색하는 패킷 등 와이파이 및 블루투스를 주기적으로 발송하는데, 이 신호의 고유 값을 통계적으로 수집하고 있다.

조이코퍼레이션은 "신호의 수집 단계에서부터 무선 신호의 고유값을 비식별화하여 수집하고 있어 이 정보로 특정 개인을 식별하기는 불가능하지만, 특정 시점에서 중복되지 않게 인원을 카운팅 하는 용도로 활용할 수는 있다"라고 밝혔다. 다시 말해, 광화문에서 한 번 감지된 기기가 시청 앞 광장에서 또 측정된다면, 이 기기는 '한 명'으로 셀 수 있다는 얘기다.

하지만, 워크인사이트 기술은 무선신호로 탐지된 디바이스로부터 무선신호 활성화율을 고려해 사람 수를 추정하는 방식을 활용하고 있어 와이파이 혹은 블루투스가 꺼져 있는 스마트폰은 탐지할 수 없다. 따라서 통계 결과의 정확도에 밀접한 영향을 미치는 무선신호 활성화율의 경우, 지난 3년간 크게 ▲ 리서치 기관을 통한 조사와 ▲ 워크인사이트 집계 수치와 직접실측, CCTV 및 적외선 등 다른 기술을 통해 측정한 방문객 수와 비교, 두 가지 방법으로 추정해 오고 있다는 것이다.

두 자료를 종합하고 무선신호 활성화율 외에도 데이터 추정에 고려해야 하는 기술적인 부분인 무선신호 중 랜덤화된 고유값을 이용한 신호 등을 고려해 집회 참가자를 추정했다.

보다 자세한 사항은 조이코퍼레이션 블로그에서 확인할 수 있다.

▲ 배터리팩에 결합한 조이스퀘어 센서. (출처: 조이코퍼레이션)

조이코퍼레이션은 블로그를 통해 "지난 11월 12일 광화문에서 열린 3차 집회에서는 주최 측 100만 명 대비 경찰 측 26만 명으로 74만 명의 큰 차이를 보이면서 많은 가설과 주장들이 대립하는 모습을 볼 수 있었다"라며, "혹시 우리가 가진 기술을 통해 조금 더 정확하고 과학적인 인원 추산이 이루어질 수 있지 않을

까라는 생각으로 워크인사이트를 통해 기업 의사결정에 기여하는 것처럼 사회에서도 더 나은 논의가 진행될 수 있도록 작게나마 기여할 수 있다는 기대로 시작했다"라고 밝혔다.

특히, 용기를 내어 도전을 하기로 결정한 뒤, ▲첫째, 본 프로젝트는 기술회사의 사회공헌활동으로 정보의 공유를 목적으로 시작하고 마무리할 것. ▲둘째, 사회현상에 대한 과학적 관찰을 목적으로 수행 후 운영 미숙 등의 이유로 데이터의 품질이 기대에 미치지 못한다고 판단되면 실험 실패로 정의하고 활용하지 않을 것. ▲셋째, 철저하게 정치적으로 중립적인 의견과 태도에 기반해 수행할 것. 등 몇 가지 기준을 세웠다고 밝혔다.

조이코퍼레이션 안나현 이사는 기자와 통화에서 "5차 광화문 촛불집회 참가자 집계 운영은 단독으로 진행하지 않는다"라며, "다만 측정을 희망하는 언론 및 리서치 기관 등에 센서를 비롯해 기술지원을 할 예정이다"라고 말했다.

오늘날 전 세계가 동시다발적으로 겪고 있는 바이러스 위기로 인류는 생각보다 훨씬 더 서로 밀접하게 연결되어 있음을 알게 되었다. 또한 생각 이상으로 우리 인류가 쌓아온 문명과 사회가 작은 바이러스에 무너질 만큼 매우 취약하다는 것도 알게 되었다.

코로나 바이러스 확산은 상반된 두 가지 모습으로 우리들의 행동 변화를 이끌어낸다. 하나는 서로 경계하는 방식이고, 다른 하나는 서로 도와주기 위한 방식이다.

한국 사회에서도 코로나 바이러스 사태 초기에 해외 감염자를 2주간 격리할 때에 지역 사람들의 반대가 있었다. 하지만 얼마 후 환영하는 움직임으로 바뀌었다. 뉴스에서 대구 지역에서의 의료진 부족과 힘든 상황이 알려지자 많은 곳에서 자발적으로 의견을 묻고 즉시

후원금을 모금하여 대구의 방역요원들에게 전달하기도 했다. 코로나 바이러스 확산을 막기 위해 수고하는 분들께 작은 힘을 보탤 수 있는 두유와 에너지바가 전달되었으며, 모금에 참여한 사람들은 짤막한 메시지를 적어 보내기도 했다.

이번 코로나 바이러스 확산 사태는 한국 사회에서 공무원과 시민 사회가 함께 긴급 대처한 중요한 위기 대응 사례이다. 많은 시민들이 지난 2014년 세월호의 비극을 보고 난 후에 아픈 기억을 가지고 있다. 국민들은 아이들이 목숨을 잃는 데에도 아무것도 하지 못하고 그 모습을 바라봐야만 했었다. 과거의 정권은 이를 숨기기에 급급했고, 그로 인해 분노한 사람들이 참여한 촛불집회로 탄핵을 당하기까지

했다.

그 사건의 결과로 들어선 현 정권은 과거 정권의 패착을 잘 알기에, 이번 코로나 바이러스 사태에 대한 대응방식이 달랐다. 감염병에 대한 조치 및 절차, 감염 정보에 대해 투명성을 높이는 방향으로 대응이 진행되었던 것이다. 이러한 투명성은 초기에는 높은 바이러스 감염률로 국민의 우려를 불러왔지만 점차 시민들이 협조하고 효율적으로 대응하는 데 큰 도움이 되었다.

무엇보다 이러한 투명성은 국제 사회가 한국식 대처를 통해 해법을 찾는 데 도움을 주었다. 코로나 바이러스와 같은 전염성이 강한 바이러스는 글로벌 연대가 이루어지지 않으면 우리나라도 안전할 수 없다. 코로나 발생 초기 대응을 잘해 왔던 한국 정부는 해외 입양아와 과거 에티오피아 등 참전국 노병들을 대상으로 마스크를 지원하기도 했고, 2020년 5월 세계보건총회 기조연설에서 문재인 대통령은, 앞으로 개발될 백신과 치료제는 인류를 위한 공공재로서 전 세계에 공평하게 보급되어야 한다고 강조했다.

하지만 이러한 성과에도 불구하고 코로나19는 지능적인 생명체처럼 우리들 삶 속의 취약점을 찾아서 공격하고 있다. 신천지 신도들의 집단 감염과 이태원 클럽발 감염 등에 이어 2020년 8월 15일을 기점으로 현 정부와 정치적 반대편 및 보수 기독교인들의 대규모 반정부 집회로 인한 감염이 전국으로 확산되는 상황을 맞이했다. 게다 현 정부에서 의료인 장기적 확대 정책에 반대하는 의사들의 집단 검진 거부 역시 상황을 악화시키는 역할을 하고 있다.

지금까지 잘해 왔던 방역이 어떤 결과를 가져올지는 정부의 추후 대책 마련과 국민, 의료진의 적극적 동참 의지에 달려 있다. 어찌 되었든 코로나로 인한 정치, 사회, 경제, 기술적 변화는 불가피. 할 것이다. 2장에서는 그러한 변화가 가져올 세상에 대해 알아볼 것이다.

2장

포스트 코로나,
미래는 어떻게 변할
것인가?

01

노동의 변화, 원격근무의 서막

코로나 바이러스 사태 이후 전 세계는 많은 변화를 겪고 있다. 갑작스러운 바이러스 확산은 공포와 두려움을 주는 것은 물론, 앞으로 어떻게 사회 변화를 준비해야 할지 문제의식을 가지는 계기도 제공했다. 가장 큰 변화는 노동 분야에서 이루어지고 있다.

기업들은 근무방식에 변화를 가져와 많은 곳에서 원격근무로 전환했다. 바이러스 확산 위험에 대처하기 위해 근무자 간의 간격을 벌리고, 각 부서는 되도록 원격근무를 실시했다. 또한 식사 때도 비닐장갑과 마스크를 써서 공동배식에 따른 위협을 줄이고 있다.

한국 사회는 가정마다 인터넷 환경이 잘 구축되어 있어 온라인 회의도 늘어나고 있다. 함께 일하거나 마주보며 대화하는 방식이 온라인 회의방식으로 전환되면서 직장인들은 점차 이러한 방식에 익숙해지고 있다. 그동안 원격근무의 필요성이 수없이 제기되었지만 효과

적으로 이루어지지 않았다. 하지만 이번 코로나 바이러스 사태 이후
에는 원격근무가 일상화되어 회사 내 조직 변화를 가져올 가능성이
크다.

▲ 화상회의를 통한 협력

과거에 한국 사회는 원격근무 방식을 도입하려다 실패한 경험이
있다. 인터넷 환경이 좋아지면서 스마트워크라는 트렌드를 예측하고
원격근무를 사업화하려는 다양한 시도가 있었다. 2010년 이미 한국
사회는 광대역통신망이 완료되어 전국 어디서나 인터넷 접속이 가능
해졌다. 이러한 상황에서 KT 등 통신업계와 정부는 스마트워크 사업
을 의욕적으로 추진했다. 기업과 공공기관은 스마트워크 센터를 만
들어 의무적으로 근무를 강제하기도 했다. 하지만 조직 내 반발과 확

실한 필요성을 느끼지 못한 탓에 활성화되지 못했다.

반면 외국계 기업 등에서는 이미 스마트워크를 활용하고 있었다. 가령, 한국IBM의 경우에 출근하면 사무실로 바로 가는 것이 아니라 건물 로비나 각 층의 입구에 설치된 '플렉스 무브(Flex Move)'에서 빈자리를 찾는다. 이곳에서 빈 책상을 확인한 직원들은 그 자리로 가서 하루의 업무를 시작한다.

▲ KT 스마트워크 센터(2011)

과거 한국 사회는 수직적 조직구조로 사무실 근무 시 눈치를 보기나 오랜 시간 장시간 근무를 통한 보여주기식 근무 문화가 많은 부분을 차지했다. 반면 상대적으로 중간관리자의 역할이 적은 서구 기업들은 수평적 조직형태를 이뤄 스마트워크 방식이 용이했다.

그런데 2019년부터 한국 사회에서 사무자동화에 따른 일자리 감소로 일자리 창출과 워라벨이 강조되기 시작했다. 정부는 52시간 노동 준수를 강화하고, 기업들은 그에 맞춰 유연한 근무를 준비하고 재택근무 시스템을 정비하기 시작했다. 이러한 변화가 자리 잡아가는 시점에 코로나 바이러스 확산이라는 예측하지 못했던 상황이 나타났다. 스마트워크에 대한 인프라가 준비된 기업들도 물론 많았다. 하지만 실제로는 활용되지 않았던 시스템과 제도가 이번 코로나 바이러스 확산 상황을 맞아 본격적인 원격근무 체계로 전환하고 있다.

02

다양한 근무방식과 플랫폼 노동 증가

1. 배달 플랫폼 노동자 증가

코로나 바이러스 사태 이후 눈에 띄게 변화된, 생활 속 활동 방식의 하나는 온라인 주문과 배달의 확대이다. 코로나 바이러스 확산 후에 사람들이 직접 상가를 방문하지 않아 일반 상점과 음식점들은 무척 힘든 시기를 보내야 했다. 실제로 코로나 바이러스 확산이 극성을 부리던 지난 2020년 2월~3월의 경우에 주요 도시의 시내 음식점 등 많은 소상공인들의 매출이 급격히 감소했다.

반면 배달 앱을 통한 손쉬운 구매와 온라인 쇼핑몰은 매출이 증가했다. 배달 음식과 택배 활용이 높아졌고, 배달을 하는 플랫폼 노동도 급격히 증가했다. 여기서 문제는 배달업 등 플랫폼 노동의 증가가 안정적 일자리의 확대로까지 이어지지 않는다는 것이다. 심지어 안정적인 공무원 신분이라는 우체국 택배의 경우조차도 인력을 늘리지 못한 탓에 많은 업무를 배당하여 택배 노동자가 과로로 인해 사망하는 사례까지 나타나고 있다. 따라서 플랫폼 노동 등의 종사자에 대해서도 최적의 노동량 기준이 마련되어야 일자리 증가와 함께 소득분배 효과를 이룰 수 있을 것이다.

▲ 과로로 사망하고 극단적 선택을 하는 택배 노동자들

또한 기업들은 배달업의 성장에 따라 인수합병 등을 활발히 진행하고 있다. 이에 따라 관련 분야의 노동자들에 대한 배려보다는 배송 자동화 등으로 수익 극대화를 추구할 가능성이 높아지고 있다.

▲ 한국의 대표적인 배달 앱

2. 재택과 AI를 활용한 콜센터로의 변신

고객센터는 기업에서 반드시 필요한 조직이다. 인바운드콜을 통한 AS 및 고객문의 등 상담과 함께, 마케팅과 홍보를 위한 아웃바운드 콜센터 등 다양한 형태의 집단적 콜센터 근무자들이 종사하고 있다.

그러나 한 공간에서 집단으로 고객을 응대하는 이들의 방식은 코로나 바이러스 감염증 확진자 발생으로 큰 타격을 받았다. 이로 인해 재택 콜센터 방식과 AI(인공지능)를 통한 콜센터 자동화가 진행되고 있다. 특히 콜센터 업무는 기술과 결합되어 프로세스가 축약되거나 업무 방식 전환으로 축소될 가능성도 높다. 결국 일자리 감소가 가속화할 가능성이 상존하며, 콜센터의 노동방식 변화는 이번 코로나 바이러스 확산 이전부터 AI기술 발전에 따라 지속적으로 변화가 예고되고 있던 분야였다.

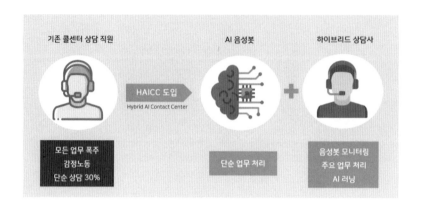

3. 무인화되는 매장 서비스

이제는 과거와 달리 많은 사람들을 만나고 대응하는 서비스 노동자들에 대해서도 건강을 우려해야 할 상황이 되었다. 예전의 서비스 노동업에서는 직접 손님을 응대하면서 인간관계를 만들어 매장을 다시 찾게 했지만, 코로나 바이러스 사태 이후에는 모든 것이 바뀌었다.

어떤 음식점에 코로나 바이러스 감염증 확진자가 들르면 주문받은 사람이 걸리고, 다른 손님들에게까지 전파될 수 있는 상황을 떠올리면 두려운 일이 아닐 수 없다. 그래서 최근에는 사람이 주문받는 대신에 구매자가 직접 주문하는 모니터형 키오스크가 등장했고, 음성으로 주문하는 기능까지 준비되고 있다.

이제는 미국의 아마존 고(Amazon Go)처럼 종업원이 매장에 상주하지 않는 상점이 늘어나는 것도 그리 먼 훗날의 이야기가 아니다. 최근에는 무인 아이스크림 판매점, 무인 당구장까지 등장하고 있다. 즉, 무인으로 운영하는 곳이 생기면서 서비스업 분야의 노동 변화는 불가피할 것이다.

▲ 미국 버거 매장에 설치된 AI 셀프 오더 시스템

4. 기업의 노동 변화와 협업 오피스의 발달

기업에서도 노동문제는 재택근무 등으로 크게 변화될 것으로 예상된다. 특히 온라인을 통한 미팅이 활발해지면서 협업도구 등의 활용이 확대될 전망이다. 또한 재택근무로 기업의 보안문제는 더욱 중요해질 것이다.

　무엇보다 인공지능 기술의 발전은 다양한 방식으로 노동을 줄이고 있다. 이러한 대표적 기술이 로봇 프로세스 자동화(RPA, Robotic Process Automation)로서, 단순반복적인 업무를 학습시켜 자동화하는 기술을 가리킨다. 기업에서는 과거보다 사람의 근무시간을 줄이는 자동화가 많이 도입되고 있으며, 반복되는 일은 자동화하고 사람들은 창의적이고 관계를 형성하는 일로 전환하는 분위기다. 이러한 흐름에 따라 우리는 새로운 형태의 근무 시스템과 원격협력 시스템이 일상 속에서 자연스럽게 확대되는 경험을 하고 있다.

　최근 기업에서는 파이썬(Python)과 빅데이터를 활용하는 소프트웨어 능력을 인재의 중요한 역량으로 강조하고 있다. 과거와는 다른 새로운 역량을 요구하고 있는 것이다. 만일 코로나 바이러스 사태가 장기간 진행될 경우에 기업의 근무방식은 물론 근로계약까지 크게 바뀔지도 모른다. 문제는 기업이 구조조정 등을 하면 기존의 역량이 하락할 가능성도 크다는 것이다. 따라서 해고 없이 업무 전환을 함과 동시에 정부의 직업 전환 교육 및 사회적 안전망을 확대하는 것이 중요하다.

5. '로봇 프로세스 자동화+인공지능'의 가속화

　전 세계에서 로봇 프로세스 자동화에 관한 소프트웨어 지출이 급격히 증가하고 있다. IT 산업 리서치 업체인 가트너(Gartner)의 보고서에 따르면, 2022년 로봇 프로세스 자동화 소프트웨어 지출액은 총 24억 달러에 이를 것으로 예상된다.

　오늘날 로봇 프로세스 자동화를 가장 많이 도입하는 곳은 은행, 보험사, 공익기업, 통신사들이다. 일반적으로 이러한 기업들은 회계 및 인사관리 시스템 등 서로 다른 요소들을 통합하는 데 어려움을 겪고 있으며, 기존의 수동 작업이나 프로세스를 자동화하거나 기존 시스템의 기능을 자동화하기 위해 로봇 프로세스 자동화 솔루션을 선택하고 있다.

　로봇 프로세스 자동화는 사용자 인터페이스 상호작용 묘사 기술의 조합을 활용하여 사람이 작업을 완료하기 위해 수행하는 '수동' 경로를 모방한다. 시장에는 개인 데스크톱이나 엔터프라이즈 서버에서 작동하는 다양한 솔루션들이 있다. 많은 대기업과 초(超)대기업은 여러 형태의 로봇 프로세스 자동화를 진행 중에 있다. 이 기업들은 반복되는 단순 업무에 대해 비용 절감과 업무 정확도 향상 등을 목적으로 도입을 검토하고 있다.

　그러나 로봇 프로세스 자동화는 모든 곳에 두루 적용 가능한 기술이 아니다. 조직이 체계적인 데이터를 구축함으로써 기존 작업이나 프로세스를 자동화하고, 자동화된 기능을 레거시 시스템에 추가해 이를 다른 IT 옵션으로는 연결할 수 없는 외부 시스템에 연결하려는 목적으로 활용할 때 가장 효과적이다.

기업들이 비용 절감, 레거시 애플리케이션과의 연결, 그리고 높은 ROI(투자자본수익률) 달성을 위한 방법을 모색함에 따라 로봇 프로세스 자동화는 2018년 기준 가트너 AI 하이프사이클에서 '기대의 정점 (Peak of Inflated Expectations)' 단계에 있다. 그러나 높은 ROI를 달성할 가능성은 각 조직의 요구사항에 로봇 프로세스 자동화가 얼마나 적합한지에 달려 있다.

또한 AI 기능을 제품군에 통합하려는 또 다른 시장 움직임도 나타나고 있다. 이러한 현상은 로봇 프로세스 자동화 업체들이 더 많은 유형의 자동화를 제공하기 위해 머신러닝과 AI 기술을 추가하거나 통합하기 때문이다.

로봇 프로세스 자동화 프로젝트를 성공적으로 수행하기 위해서는 리더들이 먼저 조직 내에서 가능한 로봇 프로세스 자동화 사용 사례를 평가하고, 수익 창출 활동에 중점을 두어야 한다. 다음 단계로는 로봇 프로세스 자동화의 빠른 성과를 확인하는 것이다. 이러한 작업은 단순히 시스템 간 데이터를 이동하는 인력을 필요로 하거나 미리 정의된 규칙에 따라 처리된 구조화되고 디지털화된 데이터를 수반할 수 있다.

이러한 사용 사례들은 로봇 프로세스 자동화가 높은 ROI를 제공할 수 있는 분야지만, 적절한 가격으로 필요한 기능의 상당 부분을 제공하는 기존의 대안적인 도구와 서비스들도 함께 고려하는 것이 중요하다. 이러한 대안들을 로봇 프로세스 자동화와 병행하여 사용하거나 하이브리드 솔루션으로 사용할 수도 있기 때문이다. 결국 로봇 프로세스 자동화는 오류 발생을 줄이고 데이터의 품질을 향상시키는 도구라고 할 수 있다.

6. 자동화로 인한 일자리의 신개념 등장

코로나 바이러스 사태로 배달 업무가 늘고, 다양한 배달 서비스도 증가했다. 그러나 많은 음식점들이 배달 메뉴를 늘리면서 배달 플랫폼을 통한 고객 유입이 마냥 반가운 것만은 아니다. 점점 독점화되면

서 수수료가 갈수록 높아지고 있기 때문이다. 어쩌면 플랫폼 기업은
또 다른 건물주인지도 모른다.

이러한 플랫폼 중심 일자리는 애플이 스마트폰을 시장에 내놓고
플랫폼 생태계를 만들면서 진행되었다. 처음에는 음악 플랫폼이 형
성되면서 저작권을 받는 음원산업이 만들어졌지만, 과거에 카세트테
이프와 LP판 등을 제작하던 음반산업은 붕괴되었다. 이렇게 플랫폼
기업은 신산업으로 등장하면서 기존 산업을 무너트린다.

하지만 최근 플랫폼 산업의 경우에는 양질의 일자리를 만들기가
쉽지 않은 상황이다. 많은 경우에 자동화를 염두에 두고 중간 기술단
계에 일시적으로 노동력을 투입하기 때문이다. 예를 들면, 우버(Uber)
가 그렇고, 배민(배달의민족)이 그렇다. 이들은 자율주행 기술이 가능
해지면 자동화된 배송방식으로 옮아갈 것이다. 이렇다 보니 플랫폼
산업은 독점력을 높이기 위한 움직임이 치열하다. 얼마 전 독일계 기
업이 투자를 통해 배달의민족과 요기요를 형제기업화한 것이 대표적
인 사례이다.

플랫폼 기업은 새로운 산업이지만 그로 인한 일자리는 그렇게까지
안정적이지 않은 게 현실이다. 물론 새로운 산업과 인공지능 같은 기
술 분야에서도 일자리를 만들어야겠지만 분명 한계가 있을 것이다.
따라서 우리는 일자리의 정의와 범위를 확장시킬 필요가 있다. 특히
우리 사회가 그동안 생산적이지 않다고 여기던 일에도 대가를 지불

할 필요가 있다. 예를 들면 역사 또는 인문학 연구, 기초과학 연구 등 지금 당장 생산성이 드러나지 않기에 외면했던 분야에도 활동을 지원하고 수익을 주는 구조가 필요하다.

이 같은 흐름에서 보았을 때 정부의 그린뉴딜은 큰 의미를 지닌다. 환경에 대한 뉴딜을 통한 이슈 제기는 코로나 바이러스 사태와 같은 위기 상황을 막는 예방효과도 가져올 수 있다. 이와 함께 공공일자리에 대한 고민도 필요하다. 과거와 같은 공공일자리나 기업이 중심이 되어 돈을 붓는 방식의 투자도 필요하겠지만 지역의 시민자치를 활성화할 필요도 있다. 시민사회 및 지역 활동가가 참여한 공공 거버넌스와 일자리 변화 등에도 다양한 지원이 필요하다.

인간과 자연이 조화롭게 살아갈 수 있도록 투자하는 것도 중요하다. 코로나 바이러스 사태 이후 전 세계 인간들의 활동이 줄어들자 동물들이 움직이기 시작했다. 지구의 측면에서는 인간 역시 바이러스인지도 모른다. 인간의 자본주의 시스템은 무한정으로 생산하고 소비함으로써 지구를 쓰레기장으로 만들었고, 서로 차등에 따라 나뉘어 서로를 파괴하게 만들었다.

우리의 미래는 노동인권과 효율이 필요한 사회, 인간과 인공지능이 공존하는 사회가 될 것이다. 그 사회는 인간이 가장 적정한 노동과 분배를 하는 사회가 되어야 할 것이다. 따라서 상당 부분 제도와 기술에 의한 변화와 함께 우리의 인식변화가 필요하다.

03

최적사회로의 진입

코로나 바이러스 사태 이후 우리가 선택해야 할 것은 성장사회에서 최적사회로의 전환일 수 있다. 최적사회란 생산과 소비의 균형, 불필요한 노동과 소비를 하지 않고 최적의 활동을 하는 사회를 뜻한다. 과거의 사회가 성장 위주의 과소비사회였다면 우리가 고민해야 할 미래의 사회는 모든 적정선을 지키면서 유지하는 사회일 수 있다.

지금 우리는 바이러스로 인한 사회적 거리두기를 통해 새로운 실험을 하고 있는지도 모른다. 회사의 근무방식이 바뀌고, 몸이 아픈데도 출근하는 것은 민폐가 되었다. 개인들의 이동제한으로 환경오염이 줄면서 지구와 자연이 회복되고 있다. 또한 생산과 소비 중심의 경제에서 코로나 바이러스 사태로 인한 일자리 감소 문제까지 발생하고 있고, 전 세계의 성장률이 일제히 마이너스가 되면서 일자리 관련 긴급자금을 투입하고 있다.

과거의 우리 경제는 생산을 통해, 생산에 참여하는 사람들을 중심으로 분배해온 구조였다. 그러나 코로나 바이러스 사태 이후로 생산과 소비가 줄어들다 보니 그 같은 경제 시스템이 갑자기 붕괴되는 상황에 직면하게 되었다. 전 세계적인 이동금지와 각국의 봉쇄로 공장, 여행사, 항공사, 식당 등은 당장 눈앞의 수익이 크게 줄어들었다.

과거에 세계는 자유무역을 기반으로 한 성장 위주 정책이 주를 이루었다. 하지만 지금은 어떤가. 성장을 꿈꿀 수 없는 상황이라 분배를 확대해 균형을 유지해야 하는 시점에 놓여 있다. 이러한 기조가 유지되다 보면 코로나 바이러스 사태 이후에는 생산과 소비가 최적화되는 사회가 될 가능성이 높다. 특히 과거와는 달리 좀 더 친환경적인 생산과 소비 형태를 지향하게 될 것이다.

2020년 여름, 정부는 기후 위기와 코로나 바이러스 사태 이후 경기 부양을 위해 한국형 뉴딜인 디지털 뉴딜과 그린뉴딜을 실시하겠다고 발표했다. 환경단체 등에서는 기존의 일자리 정책과 큰 차이가 없다는 비판을 내놓기도 했다. 그러나 초기 정책만으로 판단하기보다는 정부의 그린뉴딜 시행 과정마다 본질적 관점을 찾아가고 새로운 아이디어를 보태면서 능동적인 변화를 만들어갈 필요가 있다.

과거와 같은 생산 및 서비스 관련 일자리는 이제 인공지능 등 자동화로 점차 줄어들고 있다. 특히 코로나 바이러스 사태 이후 대면 서비스는 더욱 빨리 줄어드는 추세다. 우리는 이제 노동 총량의 감소에 대비해야 한다. 생산적인 일만 노동으로 간주하던 것에 대해 의심해 볼 시점이 되었다. 생산 이외의 사회변화와 가사노동 등 다양한 노동에 대한 인정과 재정의가 필요하다.

1. 기본소득 제공과 창업국가로의 전환

인류에게는 수많은 극복과제가 있다. 지금은 해결하지 못하더라도 미래를 향한 과감한 도전이 필요하다. 전기차의 대명사로 불리는 테슬라모터스의 CEO 일론 머스크. 그는 스페이스X라는 새로운 기업을 설립하고 우주 개발을 통해 화성을 생활이 가능한 행성으로 바꾸려는 도전을 하고 있다. 이렇게 한 행성을 생명체가 살 수 있도록 바꾸는 것을 '테라포밍(Terraforming)'이라고 한다. 어쩌면 화성을 생활이 가능한 행성으로 바꾸는 기술이 지구를 더욱 살기 좋게 바꿀지도 모른다.

코로나 바이러스 사태가 아니더라도 우리는 변화의 길목에 놓여 있다. 점점 발전하는 인공지능 기술은 앞으로 사회구조 변화를 더욱 가속화할 것이다. 어디 그뿐인가. 우리는 산업 재편을 준비해야 할 시점에 와 있다. 산업에 종사하는 사람들의 생활이 변화되면 돌이킬 수 없는 사회로 전환된다.

최근 새로운 인공지능과 플랫폼 기업이 많은 미국의 실리콘밸리에서조차도 '보편적 기본소득(unversial basic income)'을 주장하는 기업이 많아지고 있다. 페이스북의 CEO 마크 저커버그, 전기자동차 테슬라의 일론 머스크를 비롯해, 에어비앤비, 드롭박스 등 인공지능이나 미래 플랫폼 산업을 이끌어 가는 기업들이 이 같은 입장을 내놓고 있다. 일자리가 시스템으로 대체되는 미래 사회에서 현재처럼 임금노동을 매개로 부를 분배하는 방식으로는 사회 구성원의 삶을 제대로 보장할 수 없다는 문제의식에서 비롯되었을 것이다. 이제 인간이 가치를 창출하는 방법에는 어떤 것이 있고, 어떤 기준으로 분배해야 하는가는 피할 수 없는 주제가 되었다.

우리의 경우에 코로나19로 인해 갑작스럽게 당면한 현실 때문에 미뤄 두었던 고민과 문제의식에 대한 해답을 서둘러 찾고자 하는 계기가 마련되었다. 그동안 우리 사회는 생산을 유발하는 일에만 돈을 주었다. 하지만 최근 전 세계는 코로나 바이러스 사태로 무너져가는 경제를 살리기 위해 재난기본소득을 지급하기 시작했다. 충분하지 않지만 한국 사회도 처음으로 재난소득을 경험했다. 이러한 시도는 어쩌면 향후 인공지능 등으로 일자리를 잃는 인류의 선택이 될지도 모른다.

한국 사회는 그동안 도전을 두려워했다. 복지가 취약했기 때문이다. 젊은층이 공무원 등 안정적 일자리를 최고로 여기는 분위기도 팽

배했다. 그러나 실패하더라도 먹고사는 것과 생존을 보장받을 수 있
다면 어떻게 될까? 많은 사람들이 새로운 시도를 할 것이다. 하지만
기본소득이 성공하려면 새로운 도전을 하도록 제도적·사회적 분위기
가 필연적으로 형성되어야 할 것이다.

2. 비주류에게도 기회는 있다

코로나 바이러스 사태로 개학이 늦어지다 보니 정부는 온라인 개
학을 결정했다. 이에 따라 교육부는 학생들이 스마트폰을 사용하고
있는지 등 인터넷 환경 사용 여부를 확인했다. 온라인 개학으로 학교
교육도 온라인 중심이 될 수밖에 없고, 교사 또한 온라인 강의 준비에
몰두할 수밖에 없었다.

회사와 학교뿐 아니라 모임 방식도 변화했다. 개발자 커뮤니티의
경우에 거리와 관계없이 글로벌한 미팅이 오히려 늘었다고 한다. 코
로나 바이러스 초기에 많은 피해가 발생한 교회도 온라인 예배가 일
반화되었다. 이 때문에 헌금 모집이 어려워지다 보니 온라인 예배와
헌금이 동시에 이루어지는 시스템을 구축하는 곳이 늘어나고 있다고
한다.

대학의 학사 일정은 그야말로 엉망이 되었다. 수업이 대부분 온라

인으로 이루어지면서 등록금 반환 여론도 형성되었다. 코로나 바이러스 사태로 대학의 학사 일정 마비가 장기화할 경우에 온라인 대학을 기본으로 하는 큰 틀의 교육 변화가 이루어질 수도 있다. 그럴 경우에는 유럽처럼 입학시험을 없애는 것도 검토할 필요가 있다. 또한 온라인 대학들이 많아진다면 학교 통폐합은 더욱 쉬워질 수 있을 것이다.

교육개혁에서 가장 중요한 요소 중 하나는 차별을 없애고 기회균등을 통해 변화를 만들어내는 것이다. 그래야만 창의성 있는 비주류에게 기회를 주고, 그들의 혁신으로부터 사회는 동력을 얻을 수 있다.

서구 사회를 송두리째 뒤흔든 1968년, 이른바 프랑스의 68혁명은 젊은 학생들이 차별을 하는 모든 것에 저항함으로써 시작된 혁명이었다. 프랑스도 과거에는 우리나라처럼 대학별로 순위를 매겼다고 한다. 그러나 68혁명 이후에 프랑스 파리의 모든 대학은 파리1대학, 2대학 등으로 통합되었다. 결국 그 후 세대의 젊은이들에게 차별 없는 학교와 평등교육은 68혁명의 산물이 되었고, 이를 통해 보다 근원적 변화가 마련될 수 있었다.

과거 68혁명 세대는 훗날 실리콘밸리와 같은 기업문화를 만들어냈다. 우리가 아는 애플, 구글, 마이크로소프트, 스페이스X 등 서구 기업의 CEO들의 면모를 보면 우리와 다른 것을 느끼게 된다. 성소

수자, 인도에서 온 외국인 노동자, 아프리카 이민자 등이 글로벌 기업의 CEO가 된 것이다. 무늬만 주식회사인 한국 재벌이 자식에게 기업을 상속하기 위해 온갖 불법을 행하는 것과 비교가 되고, 경쟁력의 차이가 어디서 나오는지도 알 수 있다. 결국 본질적인 경쟁력은 어느 학교를 나왔느냐가 아니라 누구나 가진 능력을 사회에서 펼칠 수 있는 조건을 만들 수 있느냐이다.

한국 사회에서는 그동안 학벌, 정확히 말하자면 부모의 엄격한 관리에 의해 획득된 학교 레벨에 따라 일정 부분 사회적 지위가 정해지는 경향이 있었다. 그런 가운데 기업은 신입 사원을 선발하는 과정에서 학교 순위별로 가점을 주는 것이 일반적이었다. 모든 논쟁을 떠나 이러한 학벌적 계급의식은 여전히 우리 사회의 심각한 문제가 아닐 수 없다.

이제는 학벌을 넘어 공정과 평등을 통해 더욱 많은 이들에게 기회가 주어져야 한다. 그러기 위해서는 학벌이나 배경 대신 실력으로 평가하는 사회가 되어야 한다. 한때 이에 대한 대안으로 서울대학교 등 국립대학 통합론이 등장하기도 했다. 어쨌든 코로나19 이후 교육은 더욱 중요한 위상을 가질 것이다. 그에 따라 교육의 본질은 물론이거니와 미래 사회 변화에 부응하는 교육이란 무엇인가를 본격적으로 고민해야 할 것이다.

구글과 경쟁하고 있는 대학들, 교육이 실종됐다!

- 포스트 코로나 시대, 대학의 개혁과 학생들의 태도에 근본적 전환 필요

▲ 출처: 픽사베이(pixabay)

비대면으로 수업이 진행되고 시험도 온라인으로 행해지자 학생들의 부정행위(Cheating)가 수면 위로 올라오기 시작했다. 이 문제는 우리 사회가 안고 있는 두 가지 잠재적 문제를 수면 위로 끌어 올렸다.

하나는 학생들의 태도와 철학의 문제이다. 학생들은 교육 시스템에 들어가자 신자유주의 경쟁과 성공의 개념을 주입받았고 이에 지속적으로 성공한 젊은이들이 소위 일류대학이라는 대학에 들어온다. 신자유주의 교육에서 성공과 실패는 다 개인의 문제이다. 성공과 실패가 개인에게 귀속되기 때문에 결국 자신이 경쟁에서 책임을 지고 이겨야 살아남아야 한다.

이런 개인주의는 실력이 아니라 부정행위를 통해서라도 성적만 따서 친구들을 이기면 된다는 생각을 부추겼다. 한두 친구의 부정행위에 대한 성공담이 기사에서처럼 온라인에서 떠돌게 되면 부정행위에 가담하지 않았던 정직한 학생들도 유혹에서 벗어나지 못하고 결국 가담하게 된다. 결국 가담하지 않았을 때 생기는 불이익을 개인이 책임져야 하기 때문이다.

전체가 부정행위자가 되는 것도 시간문제다. 이와 같은 학습은 졸업 후 직장생활에서도 사회적 감시가 없으면 부정행동을 통해 이득을 취해서 살아남고 동료를 이기겠다는 태도로 전이된다. 실력으로 승부하기보다는 같은 방법으로 성공한 직급이 높은 상사에게 정치적 연줄을 만들려고 시도하는 조직정치의 기반이 되기도 한다. 이런 회사에서 동료 간 협업학습을 통해 더 나은 차이를 만들어내려는 시도는 먼 나라 이야기로 전락한다.

이런 젊은이들이 늘어날수록 사회는 감시비용이 치솟게 되고 사회기제가 감시비용을 담당하지 못할 경우에 사회 자체가 마이크로 매니지하는 사회로 전락한다. 마이크로 매니지하는 사회로의 복귀는 신관료주의 사회의 부활을 의미한다. 감시비용에 돈을 많이 쓸수록 이에 대처하는 더 지능적 방법이 나오게 되고 사회는 영원히 성숙한 시민사회로부터는 거리가 멀어진다.

또 다른 문제는 구글과 경쟁해서 이겨보겠다는 대학의 후진적 커리큘럼과 학사관리의 문제이다. 사실 대학에서 가르치는 대부분의 내용으로만 따진다면 구글에 더 깊이 있게 나와 있고 가르치는 것도 유튜브가 더 잘 가르친다. 이런 사실을 인정하지 않고 대학 수업이 구글의 더 세련된 일타 강사(sizzlers)가 되기를 자처하고 커리큘럼을 혁신하지 않는다면 대학의 미래는 없다.

실제로 지식을 전달하는 과거의 커리큘럼을 대학이 벗어나지 못한다면 대학교육은 졸업장을 취득하려는 행위 이상의 가치를 전달하지 못한다. 디지털 시대가 심화될수록 대학에서 파는 졸업장 가치는 폭락할 것이고 결국 대학의 존재 이유가 소환당할 것이다.

우리나라에서도 지식 자체를 생산해낼 수 있는 연구대학은 소수에 불과하고 대부분 대학은 교육중심의 대학이다. 지식 전달에 포커스를 둔 교육중심 대학이 구글에 나와 있는 답을 학생들이 제시할 수 있는데 이것을 부정행위라고 막는 자체가 아이러니다. 교육중심 대학의 역할은 지식을 상황에 따라 맥락화하고, 이 맥락화를 통해 세상을 변화시킬 수 있는 개입(Intervention) 프로그램을 학생들 각자가 만들어내게 도와주는 일이다.

교육중심 대학은 구글과 지식 내용을 가지고 경쟁하기보다는, 학생들 각자가 공인된 지식을 주체적으로 자신의 경력이나 산업이나 영역에 적용해서 변화를 만들어낼 수 있는 프로그램이나 이에 대한 훈련을 받고 이것에 대한 전문성 수준이 인정되었을 때 졸업시키는 것이 목적이어야 한다. 교육중심의 대학은 지식이 아니라 지식을 통해 자신의 전문영역에서 실행과 변화를 만들어내는 지행격차 극복에 커리큘럼의 중심이 옮겨져야 생존할 수 있다.

이런 맥락적 지식을 만드는 훈련을 받는다면 대학에서 굳이 같은 답을 베껴가며 성적을 채점받을 일은 없다. 자신의 맥락적 지식을 제시해야 성적을 받을 수 있는 학교에서 모든 것을 같은 동일한 잣대로 평가받는 획일적 평가방식은 자연스럽게 퇴출된다. 공정성은 동일하고 획일적 잣대로 학생들을 평가하겠다는 전제를 함축한다. 지금과 같은 다양성 사회에서 같은 잣대로 모든 것을 획일화해서 평가하는 공정성 자체가 논란이 된다는 것은 사회가 그만큼 후진적이라는 것을 고백하는 것이다.

디지털 혁명시대를 이끌 주체로서 대학의 개혁과 미래를 이끌어갈 학생들의 태도에 근본적 전환이 이뤄지지 않는다면 우리나라가 선진시민 사회로 진입하는 것은 아마 영원히 요원한 과제가 될 것이다.

평생학습타임즈 / 윤정구 논설위원(이화여대 교수) lltimes@lltimes.kr

2장 포스트 코로나, 미래는 어떻게 변할 것인가?

04

통제 사회로의 전환 위험성

1. 빅브라더하의 영구 감시체계 가능성

애플과 구글이 공동으로 코로나 바이러스 확산을 추적하는 시스템을 출시했다. iOS와 안드로이드(Android)를 통합한 이 추적 시스템은 사용자 단말기의 BLE(Bluetooth Low Energy, 블루투스 저전력 프로토콜)을 이용해 확진자와 접촉했을 가능성이 있는 사람을 추적·관리할 수 있다. 아이폰과 안드로이드폰 사용자들이 코로나 바이러스에 감염되면 추적 시스템이 14일 동안 근거리 접촉자에게 이를 알린다.

하지만 많은 보안 전문가들은 이 추적 시스템의 사생활 침해를 우려하고 있다. 실제로 두 회사가 모바일 OS(운영체제)를 통해 자신들의 스마트 단말기 사용자, 즉 전 세계 인구의 1/3을 감시할 수 있기 때문이다. 이에 대해 애플과 구글은 "개인정보 보호 및 보안에 문제가 되지 않도록 설계했다. 또한 접촉자들이 감염자의 신분을 알 수 없다"라며 "혹시 모를 해킹에 대비해 제3자가 분석할 수 있도록 일부 소스 코드도 공개할 예정이다"라고 언급했다.

애플의 CEO인 팀 쿡도 트위터를 통해 "사생활을 침해하지 않고 수행할 수 있다"라며 "보건 당국이 투명성과 동의를 존중하는 방식으로 블루투스 기술을 이용할 수 있다"라는 글을 올렸다. 즉, 사용자 동의 없이는 시스템을 작동하지 않는다는 의미로 해석된다.

▲ 보안 전문가들은 애플-구글 공동 코로나 바이러스 감염자 추적 시스템의 사생활 침해를 우려하고 있다. (출처: pxhere)

GPS 대신 BLE(약 10미터 도달 반경을 가진 2.4기가헤르츠 주파수 대역 기반의 저전력 저용량 데이터 송수신이 가능한 블루투스 기술)를 이용하는 추적 시스템은 물리적 위치를 추적하는 것이 아니라 5분 간격으로 근처에 있는 스마트폰 신호를 취득해 단말기 간 상호 연결한 이력을 데이터베이스에 저장한다. 이는 제3자에 의한 중앙 집권적 데이터 수집으로 이어질 가능성이 있다. 네덜란드 라도바우도대학(Radboud University Nijme-gen) 컴퓨터공학 자프 행크 호프만(Jaap-Henk Hoepman) 교수는 자신의 블로그에서 "이 추적 시스템의 개인정보 보호는 소위 분권화된 접근법을 사용해 보호된다. 시간이 지남에 따라 각 스마트폰은 그 근처에 있는 다른 모든 스마트폰 식별자를 수집한다"라며 "하지만 당국에 보고되는 순간 중앙집중식으로 바뀔 수 있다"라고 지적했다.

이는 우리가 사용하는 스마트폰을 세계적인 대규모 감시 도구로 바꿀 수도 있다는 얘기다. 예를 들어 추적 시스템을 악용한다면 경찰이 살인 사건 피해자의 스마트폰에서 누가 현장 근처에 있었는지 여부를 확인할 수 있다. 또 상대방의 스마트폰에 몰래 앱을 설치해 누구와 만나고 있는지를 추적할 수도 있다. 또한 제조업체는 물론 판매업체가 스마트폰에 앱이나 기능을 미리 설치할 수도 있다. 모바일 및 내장형 기기(Embedded Device) 분야의 유명한 해커인 목시 말린스파이크(Moxie Marlinspike)는 트위터를 통해 "키가 포함된 목록이 시스템 사용자 스마트폰에 저장되는 구조를 누군가 악용할 수도 있다"라고 지적했다.

이번 추적 시스템은 애플이 2019년 〈WWDC 2019〉 행사에서 발표한 블루투스 네트워크로 오프라인 단말기에서도 서로 위치를 파악할 수 있는 서비스인 '파인드 마이(Find My)' 기술 프로세스와 같은 것으로 풀이된다. 현재 애플과 구글의 코로나 바이러스 감염증 확진자 공동 추적 시스템에 대해서는 전 세계 네티즌들의 다양한 의견이 나오고 있다. "추적 시스템 사용에 대한 '개인 동의' 자체도 정부에 의해 강제되어야 한다"라거나 "지금은 코로나 위협에 맞설 때라 개인정보는 그다지 중요치 않다"라는 등 다양한 의견이 뒤섞여 있다.

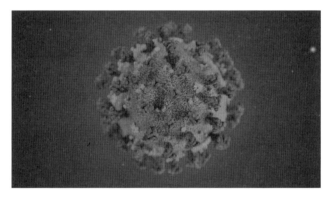

▲ 에드워드 스노든은 전 세계적으로 영구적인 감시체계를 구축하는 데
코로나 바이러스 위기가 악용되고 있다고 경고했다.
(출처: 유튜브, DOCUMENTARY: Edward Snowden - Terminal F)

한편, 미국국가안전보장국(NSA)의 내부고발자인 에드워드 스노든 (Edward Snowden)은 전 세계적으로 영구적인 감시체계를 구축하는 데 코로나 바이러스 위기가 악용되고 있다고 경고했다. 그는 2020년 3월 코펜하겐 다큐멘터리 영화제(Spendengen Documentary Film Festival)를 위한 화상회의 인터뷰에서 "코로나 바이러스로 인한 국가의 시민감시체계는 위기가 끝난 후에도 오랫동안 지속될 수 있다"라고 언급했다. 심지어 애플워치 같은 웨어러블 기기의 건강 데이터에 대한 접근을 요구할 수도 있다는 것이다.

실제로 이탈리아, 영국, 독일 등 수많은 유럽 국가들은 통신회사를 통해 익명으로 집계된 데이터를 활용해 사람들의 움직임에 대한 가상 열 지도를 만들기도 했다. 이스라엘은 영장 없이 시민의 전화를 해킹할 수 있는 스파이 서비스 비상 권한을 부여했고, 싱가포르는 스마트폰 앱을 사용해 노출 가능성이 있는 사람들을 추적해 코로나 바이러스의 확산을 모니터링하고 있다. 폴란드에서는 검역 중인 시민들이 셀프카메라에 대한 정기적인 요청에 응답할 수 있는 정부 앱을 다운로드해야 한다. 대만은 검역된 환자가 집 밖으로 나갈 경우에 경찰에 알리는 '전자 울타리' 시스템을 도입했다.

우리나라도 예외는 아니다. 나이와 성별 같은 개인정보를 포함해 코로나 바이러스 감염증 확진자 동선을 사람들에게 일방적으로 알리고, 경고 문자를 발송하고 있다. 세계적으로 저명한 바이러스 학자인 파블로 골드슈미트(Pablo Goldschmidt)와 존 옥스퍼드(John Oxford) 교수도 코로나에 대한 '전체주의적 접근법'에 대해 이미 경고한 바 있다.

2. 코로나 추적 앱, 개인정보 유출 위험

카타르에서는 코로나 바이러스 감염자 추적 응용 프로그램에 저장된 100만 명의 데이터가 유출 위험이 있는 것으로 드러났다. 카타르는 코로나 바이러스 감염자 추적에 '이터러즈(EHTERAZ)'라는 앱을 이용한다. 그런데 이 응용 프로그램에 보안상 결함이 있는 것으로 보고되었다. 국제앰네스티는 공개 자료를 통해 "이터러즈 추적 앱 중앙 서버에 취약점이 발견됐다. 이로 인해 해커가 100만 명 이상의 사용자 이름, 등록번호, 건강 상태 및 위치 데이터를 포함해 매우 민감한 개인정보를 탈취할 수 있었다"라고 밝혔다.

'이터러즈' 앱은 수집한 사용자 데이터를 중앙서버 데이터베이스에 업로드하고 저장하는 구조로 되어 있다. 하지만 이 중앙서버 데이터베이스에 보안상 결함이 있었던 것으로 알려졌다. 카타르는 2020년 5월 기준 전체 인구 약 275만 명 중 1.7%인 4만 7000명가량이 코로나 바이러스에 감염되어 28명이 사망했다. 이에 카타르 정부는 전 국민을 대상으로 5월부터 '이터러즈' 앱을 스마트폰에 설치하도록 의무화했다. 만약 앱을 설치하지 않고 외출하는 경우에는 최고 5만 5000달러의 벌금 또는 3년 이하의 징역이 부과될 수 있다.

국제앰네스티 보안연구소는 "카타르 정부가 GPS와 블루투스를 사용해 개발한 '이터러즈' 앱은 사용자가 등록한 국가 ID를 제공해 중앙 서버에 QR코드를 요청한 것으로 밝혀졌다. 추가 인증이 필요치 않아 누구나 앱 사용자에게 QR코드를 요청할 수 있었다"라고 설명했다. 인증이 약할 뿐만 아니라 카타르 국가 ID가 일관된 형식을 따른다는 사실은, 모든 국민 ID 조합을 자동으로 생성하고 앱이 저장한 민감한 데이터를 검색할 수 있음을 의미한다.

이 같은 지적에 카타르 정부는 "사용자 데이터는 안전하고 의료 종사자 이외에는 액세스가 불가능하며, 수집된 데이터는 2개월 안에 폐기한다"라고 주장했다. 그 후 카타르 정부는 응용 프로그램을 수정하고 업데이트를 실시했다. 국제앰네스티 보안연구소는 "카타르 당국이 신속하게 대처했지만, 이번 사태는 추적 앱 출시를 서두르고 있는 전 세계 정부에 대한 경고다"라고 말했다.

한편 중국의 경우에 이미 도입한 코로나 바이러스 감염자 추적 앱을 더 확장해 사용자의 건강 상태를 모니터링할 수 있도록 하는 계획을 발표했다. 저장성 항저우 시 보건위원회는 2020년 5월 22일 "코로나 추적 앱은 이미 목표를 달성했다. 앞으로 더 많은 건강 지표를 모으는 만능 건강 추적 앱으로 진화시킬 것이다"라고 설명했다. 중국 현지 언론 보도에 따르면, 건강 추적 앱은 개인의 건강 상태를 색으로 구분하고, 의료기록 및 신체검사 결과, 활동 레벨, 흡연 유무, 기타 라이프 스타일에 따라 100점 만점으로 건강 상태를 평가한다. 현재 전세계 45개국 이상이 코로나 바이러스 감염자 추적 응용 프로그램을 개발했거나 계획하고 있는 것으로 알려졌다.

3. 시민 참여와 감시를 위한 통합관제센터 인프라 구축

한국 사회가 다른 국가에 비해 빠르게 역학조사할 수 있었던 배경에는 전국에 설치된 지자체의 통합관제센터가 있었다. 통합관제센터는 2006년 서울 서초구청부터 시작해 카메라로 가능한 다양한 업무(방범, 주정차, 쓰레기 무단투기 감시 등)를 통합하여 지자체에서 운영하고 있다. 이러한 방식은 카메라 설치비용을 줄이면서 전국에 CCTV통합관제센터라는 인프라를 갖추는 시작점이 되었다. 그 결과, 관제센터의 인프라는 이번 코로나 바이러스 감염증 확진자의 동선을 추적하는 데 큰 도움을 주었다.

한국이 다른 나라의 관제센터와 다른 점은 정보관리 주체가 지방자치단체라는 것이다. 지방자치단체의 관제센터에 경찰이 들어오고, 여러 주체의 카메라를 함께 사용하기 때문에 관제센터 사용을 특정 주체가 독점적으로 사용하기가 어렵다. 또한 구청 관할 내 주민의 견학도 허용되어 있다. 선출된 권력인 지방자치단체 내에 있는 관제센터는 정보 독점을 막기 위한 최소한의 장치인 셈이다.

또한 신용카드 사용 및 휴대폰 위치 추적 등 개인정보에 대해서도 추적 감시가 가능하다. 다른 국가에 비해 추적이 용이한 셈이다. 통합관제센터는 코로나 바이러스 사태와 같은 위기상황에서는 방역을 위해 중요한 역할을 했지만, 개인에 대한 공적 감시 영역에서는 개인

▲ 지자체 통합관제센터(양천구청)

프라이버시 침해 문제도 함께 가지고 있다.

　민주적 통제를 위해서는 비밀주의가 아닌 공개와 투명성이 무엇보다 중요하다. 정보의 투명성 부분에서는 정보를 관리하는 사람에 대한 정보 역시 공유하거나 기록을 남겨 관련 주체 간 정보 균형이 이루어져야 한다. 이를 통해 정보를 가진 주체의 권한이 한쪽에 치우치지 않도록 하고, 감시되는 모든 이들의 정보 인권까지도 보장되어야 한다.

　코로나 바이러스 사태 시 다행히도 감염 초기부터 감염자 정보에 대한 투명한 공개를 통해 그 위험성을 줄여나갔다. 그러면서도 감염자는 밝히지 않고 경로는 공개해, 노출된 사람들에게 위험성을 알리고 진단을 받도록 했다. 비록 신천지교회 같은 비밀스러운 종교집단으로 인해 감염경로 확인에 일시적으로 어려움을 겪었지만 결국 다양한 노력으로 이를 해결했다.

한국 내 공공 정보 인프라가 코로나 바이러스 사태에는 긍정적으로 작동했지만, 동시에 아주 나쁜 사례를 만들기도 했다. 텔레그램 N번방 사건이 그것이다. 과거 텔레그램은 독재정부에 반대하는 반정부 인사의 주요 소통 수단이었다. 보안성 높은 익명성으로 민주주의를 위한 소통 공간이 수많은 범죄자들이 활개 치는 공간으로도 활용되었던 것이다.

우리는 이를 통해 정보의 투명성과 개인정보 보호라는 두 가지 가치가 얼마나 양립하기 어려운지를 확인할 수 있다. 이와 마찬가지로 공공안전 감시와 개인 프라이버시 감시라는 가치도 언제든 충돌할 수 있다. 감시 도구는 개인의 프라이버시에 심각한 위협을 주는 무기가 될 수 있다. 따라서 감시 시스템 및 공공 정보에 대한 체계적인 시민참여 감시 모델을 정립하고 만들 필요가 있다.

공공관제센터와 전산센터는 정보가 모이는 곳이다. 특히 공공 정보가 모이는 관제센터 및 전산센터와 같은 곳은 보안이 매우 중요하다. 특히, 왜곡된 정보를 만들기 쉬운 곳 역시 정보가 모이는 곳이다. 이런 곳에서 왜곡이 일어난다면 우리는 왜곡된 정보를 소비하거나 받아들이는 상황에 놓이게 된다.

또한 관제센터의 불법적인 정보 수집을 제약하기 위해서는 외부의

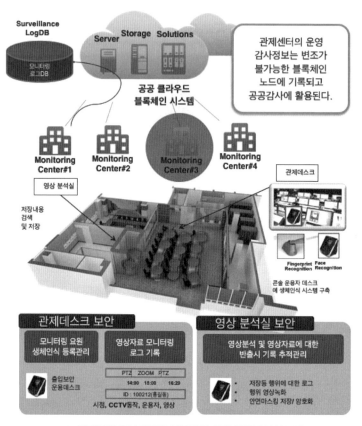

Surveillance LogDB

모니터링 로그DB

Server Storage Solutions

공공 클라우드
블록체인 시스템

관제센터의 운영
감사정보는 변조가
불가능한 블록체인
노드에 기록되고
공공감사에 활용된다.

Monitoring Center#1
Monitoring Center#2
Monitoring Center#3
Monitoring Center#4

관제데스크

영상 분석실

저장내용
검색
및 저장

Fingerprint Recognition Face Recognition

콘솔 운용자 데스크
에 생체인식 시스템 구축

관제데스크 보안		영상 분석실 보안
모니터링 요원 생체인식 등록관리	영상자료 모니터링 로그 기록	영상분석 및 영상자료에 대한 반출시 기록 추적관리
출입보안 운용데스크	PTZ ZOOM PTZ 14:00 15:00 16:20 ID : 100212(홍길동) 시점, CCTV동작, 운용자, 영상	• 저장등 행위에 대한 로그 • 행위 영상녹화 • 안면마스킹 저장/ 암호화

▲ 관제센터 정보왜곡을 방지하기 위한 공공감사시스템

감사 기능이 필요하다. 이러한 외부 감사 기능을 구현하기 전에 블록
체인 기술을 활용해 관제센터에서 발생하는 로그를 실시간으로 블록
체인 노드에 저장해 두면 조작이 어려워진다. 이후에 로그 정보를 공
공 감사할 수 있는 기능을 둔다면 왜곡되지 않은 정보를 감사할 수 있
을 것이다.

3장

포스트 코로나
STEEP 분석

01

STEEP 분석 방법

      진화생물학자인 재레드 다이아몬드는 『총, 균, 쇠』(1999)에서 각 대륙의 문명은 인종과 민족적 차이와 인종의 우수성이 아닌, 환경적 요소에 의해 결정되어 왔다는 주장을 폈다. 특히 그는 생태지리학, 생태학, 유전학, 병리학, 문화인류학, 언어학 등으로 인류 진화를 설명함으로써 새로운 시각을 제시했다.

최근 들어 우리는 바이러스에 의한 위기상황은 물론, 전쟁 위험과 기술혁명에 의한 사회변화 등을 눈앞에 두고 있다. 하지만 인류는 그동안 과학기술 발전을 통해 이러한 위기를 극복해왔다. 과학기술 발전이 곧 경제, 사회, 정치적 변화와 오늘날의 세계 질서를 만들었다고 해도 과언이 아니다. 우리가 맞이할 기후 환경과 사회 변화에 대응하려면 여러 분석이 필요하다. 이를 통해 코로나 바이러스 발생 이후 우리 사회가 어떻게 진행될지 가늠할 수 있을 것이다.

우리는 이 책에서 많은 요소 중에서 특히 기술적 변화에 주목할 것이다. 이러한 분석을 위해서는 답변이 어렵지 않도록 설문지를 단순하게 설계할 필요가 있다. STEEP 분석은 이슈들을 사회(Social), 기술(Technological), 경제(Economic), 환경(Ecological), 정치(Political) 영역으로 구분한 후에 이들 각각의 작은 변화 속에서 큰 흐름을 찾아내는 과정이다. 이러한 미래 시나리오로 우리는 미래에 대한 예측 가능한 위기나 기회를 찾아낼 수 있을 것이다.

코로나 바이러스 발생 후에 과거에 경험해보지 못한 일들로 인해 사회가 크게 변화하고 있다. 바이러스에 의한 역병이나 전쟁, 기후변화 등 전 지구적 재난은 인류에게 큰 위기를 가져올 수 있다. 이러한 위기를 겪다 보면 인간이 발전시켜온 고도의 기술문명을 잃을 수도 있다. 코로나 바이러스가 확산된 다른 국가들의 경우에 실제로 의료 붕괴 현상까지 나타나기도 했다. 평상시에는 자연적인 흐름으로 진행되던 것이 비상시에는 완전히 다르게 바뀔 수 있음을 알 수 있다.

많은 사람들이 코로나 바이러스로 인한 변화가 장기적일 수 있다고 말한다. 그러나 한편으로는 다시 원상태로 빠르게 회복될 수도 있을 거라는 예측도 있다. 그런 면에서 이 책에서는 변화의 내용과 함께 변화가 단기적인지 장기적인지 알 수 있도록 설문지를 설계했다. 답변을 정리해본 결과, 사람들은 코로나 바이러스 사태 이후 사회적 변화를 가장 크게 느끼고, 경제적 변화를 두 번째로 크게 느꼈다. 그 뒤를 정치적 변화, 기술적 변화가 따랐다.

코로나19 세상 변화 전망

코로나19 로 인해 세상이 큰 변화를 느끼고 있습니다. 이에 대하여 가장 큰 변화로 느끼는 것을 찾아내고자 합니다.
[답변후 다시 의견이 있으시면 추가로 넣어주셔도 좋습니다.]

가장 큰 변화를 느끼는 현상 및 변화에 대하여 짧게 정리하여 주시기 바랍니다.

내 답변

위 답변이 해당하는 분야를 선택해 주세요.

선택 ▼

위 변화는 단기적 변화 일까요? 장기적 변화 일까요?

○ 단기적 변화
○ 장기적 변화

▲ 코로나19 사회, 기술, 환경, 경제 분석을 위한 설문지

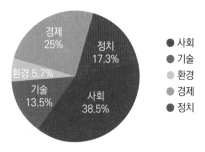

▲ 설문지를 통해 확인한 답변 비율

그리고 2020년 현재의 변화를 90%는 장기적인 변화로 인식했고, 나머지 10%는 단기적 변화로 인식했다. 즉, 장기적 변화는 코로나 바이러스 극복 후에도 이어지는 변화로서, 우리는 여기에 포함될 항목들에 주목해야 할 것이다.

1. 사회적 분석

코로나 바이러스 사태로 인한 대표적 변화로는 사회적 거리두기로서, 집단 활동이 줄고 온라인 교육 등이 늘었다는 것을 꼽을 수 있다. 온라인 구매의 급속한 증가는 노동 형태의 변화도 불러왔다. 택배 등 배달업이 필수가 되면서 그에 대한 수요도 크게 증가했다. 하지만 그로 인해 플랫폼 노동자 수는 증가하고 있지만, 노동의 질은 열악해지고 있는 현실이다.

또한 많은 자영업자들의 매출 감소와 함께 해외여행이 어려워지면서 여가문화도 많이 바뀌었다. 특히 집에서 즐기는 문화와 로컬 문화가 더욱 강화되었다. 그리고 집단적 오락과 사회활동 등의 감소로 개인화된 활동이 주류가 되어가고 있다. 그 과정에서 온라인 게임 등이 큰 인기를 끌고 있다.

여기에 기업들의 경우, 재택근무가 늘면서 중간관리자의 역할과 위상에 대한 변화가 예고되고 있다. 수평적인 직제와 조직 개편의 전환으로 이어지지 않을까 싶다. 외모에 대한 소비문화가 변화하면서 적정한 삶을 추구하는 작은 소비도 사회적 흐름으로 나타나고 있는 추세이다.

*사회적(Social) 변화

메가트렌드	서브트렌드	의미 분석	미래 기회
비대면 증가	· 온라인 교육	· 교육의 변화	· 학벌이 아닌 실력
	· 배달업 확대		· 가상현실 교육제도
	· 재택근무	· 플랫폼 노동 증가 · 일자리 축소	· 스마트공장 공유 · 창업 기회 확대 · 도전, 창의성 사회 전환
	· 플랫폼 노동 증가		
산업 재편	· 여행의 종말	· 활동의 축소 · 산업 변화	· 삶의 방식 변화 · 지역 중심 문화 형성
	· 외부활동 축소		· 노동 방식 변화
	· 소비 축소		· 다양한 노동 인정
	· 마스크, 위생용품 증가	· 공공의료 증가	· 공공 기반 온라인
가치 변화	· 소셜 네트워크 확대	· 온라인 중심 소비 증대	컨텐츠 산업 확대
	· 외모 치장 소비 변화		
	· 집단 놀이시설 축소		

2. 기술적 분석

코로나 바이러스 사태는 국내 의료방역 기술이 발전하는 계기가 되었다. 이를 통해 진단 키트 및 진단 방식, 방역 절차 등 새로운 전염병에 대한 교과서를 만들 수 있었다. 이와 함께 사회적 거리두기에 대한 온라인 회의 및 협업 도구 등이 발전하는 기회도 되었다.

특히 이번 코로나 바이러스 사태로 그 중요성이 더 커진 것이 바로 AI(인공지능) 기술이다. 실제로 콜센터 등에서 감염 문제가 발생하면서 인공지능 기술을 도입하려는 움직임이 커졌다. 중국의 경우에는 드론을 통해 사람들의 외부 활동을 감시하고, 우리나라의 경우에는 의료 현장에서 로봇을 통해 감염병동에 물건을 보내는 등 다양한 활용이 시작되었다.

각각의 산업마다 비대면 주문 등을 도입하기 위한 여러 움직임들도 나타나고 있다. 소규모 상점에서는 키오스크가 많아졌고, 음성인식이 가능한 키오스크까지 개발되고 있다. 특히 온라인 교육시스템 시장의 변화로 온라인 협업 도구, 증강현실(AR, Augmented Reality), 가상현실(VR, Virtual Reality), 혼합현실(MR, Mixed Reality)과 같은 기술을 현실에 적용하기 위한 움직임도 활발해지고 있다.

또한 오프라인에서의 교회 예배가 줄면서 헌금을 받기 위한 블록체인 및 온라인 입금 시스템 도입도 점차 늘고 있다. 그중에서도 블록체인 기술이 가장 많이 적용된 사례는 지방자치단체가 운용 중인 지역화폐이다. 코로나 바이러스 사태로 블록체인 등 다양한 기술 기반의 지역화폐가 재난기본소득의 창구로 운용되고 있다. 재난기본소득의 경우에 일정 기간 내 소진되지 않으면 사라지도록 하여 소비경제에 직접적인 영향을 주었다.

*기술적(Technological) 변화

메가트렌드	서브트렌드	의미 분석	미래 기회
감염병 의료기술 발전	· 방역기술	· 개인건강 관리기술	· 인공지능 기반 방역 추적
	· 마스크, 필터, 개인 위생		· 바이러스 관리/대응
	· 진단기술 발전	· 제약기술과 진단 발전	· 인공지능기반 백신 개발
	· 제약기술		기술 의료와 IT 결합 기술
인공지능 발전	· 감염 시뮬레이션	· 관제 추적기술, · 개인정보 보호기술	
	· 관제 모니터링 기술		
	· 콜센터 AI 대두	· 인공지능산업 발전	
	· 물류 자동화		· 자율주행 물류, · 로봇 이동체 기술
원격 소통도구 발전	· 온라인 교육시스템		
	· AR, VR, MR, 협업도구	· 원격소통 협업기술	· BCI, BMI 학습기술 · 인공지능 기반 전문가 영역 확대
친환경 기술	· 자원 재생기술 발전	· 지구환경 보호기술	· 행성 기후변화 기술
	· 친환경 에너지		· 우주 개발

*BMI(Brain Machine Interface: 뇌-기계 인터페이스)
*BCI(Brain Computer Interface: 뇌 - 컴퓨터 인터페이스)

3. 경제적 분석

코로나 바이러스 사태로 인해 경제적으로 모두가 어려워졌지만 가장 힘들어진 주체는 자영업자들이다. 정부는 이들을 위한 경기활성화 대책으로 재난기본소득 지급을 처음 시행했다. 재난기본소득을 통해 소비를 진작시켜 경기활성화가 어느 정도 실현 가능하다는 것이 증명되었다. 이 같은 결과는 미래에 인공지능 등으로 사라질 일자리에 대해서도 하나의 대안이 될 수 있을 것이다.

반면, 온라인 경제활동이 증가하고, 비대면 채용과 근무가 늘었으며, 게임 등 온라인 산업은 성장·확대되었다. 요식업 분야는 대형음식점과 뷔페 산업이 축소되면서 기존 자영업자들의 경제적 어려움은 커졌지만, 온라인 배달 플랫폼 기업 영역은 더욱 강화되었다. 이에 따라 독점적 시장 구조를 형성한 배달 주문 플랫폼에 대한 소비자들의 수수료 인하 요구가 나타나기도 했다.

플랫폼 경제에도 업종 간 희비가 엇갈렸다. 코로나 바이러스 사태 이전에는 여행, 숙박 등과 같은 공유경제가 확대될 것으로 예상했지만, 이들은 오히려 큰 위기를 맞았다. 대신에 소비자들이 이동을 자제하고 집에서 물품이나 음식을 주문하면서 배달 및 쇼핑몰 플랫폼은 큰 성장세를 기록했다.

경제적(Economical) 변화

메가트렌드	서브트렌드	의미 분석	미래 기회
산업재편 시작	· 요식업계 불황 · 여행산업 타격 · 배달 업종 증가	· 비대면, 간접소비 확대	· 자율배달 시스템 · 자율주행 도로/터널 인프라 건설 · 로봇산업 확대로 고령사회 진입 대응
	· 공연 문화 쇼핑 축소 · 대형 쇼핑몰 축소 · 게임산업 확대 · 자영업 붕괴	· 오프라인 산업 축소	· 공공플랫폼 기반 혁신(공유형 스마트 공장) · 로봇세 및 기본 소득
기본소득 경제	· 재난기본소득 경기 부양 · 소득불평등 가속화	· 기본소득 소비 중심 경제 실험	
공간 변화	· 비대면 채용, 비대면 근무 · 공유주택과 상업부동산 위기	· 부동산 변화	· 도심의 변화 · 공원 인프라 확대 · 비대면 인프라 확대

4. 환경적 분석

한국 사회가 마스크를 쓰는 데 익숙했던 것은 과거의 미세먼지 때문이다. 익숙했던 미세먼지는 오히려 코로나 바이러스 위기 상황에서는 줄어들었다. 중국의 공장들이 일시적으로 가동을 중단했기 때문일 것이다. 배달업이 성장함에 따라 일회용품이 증가하고, 택배로 인한 쓰레기가 늘어나는 비환경적 요인도 발생했다.

우리는 세계 곳곳에서 인간 활동이 줄어듦으로써 자연이 회복되는 현상을 확인할 수 있었다. 인간과 자연이 생태적으로 균형을 이루는 계기가 이번 코로나 바이러스로 인해 나타난 긍정적 변화 중 하나일 수도 있다.

정부는 코로나 바이러스 위기를 극복하기 위해 새로운 100년을 설계하는 한국형 뉴딜로 2025년까지 160조 원가량을 투자하기로 했다. 구체적으로 살펴보면, 디지털 뉴딜에 58.2조 원, 그린뉴딜에 73.4조 원, 안전망 강화에 28.4조 원이 배정되었다. 안전망 강화 예산은 기술 발전 및 환경문제로 인한 일자리 감소 등을 대비하여 사회적 고용과 안전망, 사람에 투자해 대응하기 위한 목적으로 보인다.

가장 많은 예산이 배정된 그린뉴딜에는 에너지원과 상수도 관리, 저탄소 산업을 위한 신재생 에너지 사업이 편성되었다. 아쉬운 것은 과거의 녹색산업의 되풀이가 아닌가 하는 느낌을 지울 수 없다는 것이다. 녹색산업의 혁신생태계 구축은 물론 자원재생 등의 분야에서도 정부와 기업이 함께 변화를 모색했으면 한다. 그러나 무엇보다 중요한 것은 과거에는 주목받지 못했던 환경문제 해결을 통해 뉴딜을 시작했다는 점이다.

환경적(Ecological) 변화

메가트렌드	서브트렌드	의미 분석	미래 기회
친환경 도시화	· 일회용 쓰레기 증가 · 택배 쓰레기 증가 · 쓰레기 수출 중지 · 도시의 녹색화	· 과학화된 재생자 원산업 필요	· 자원재생기술 · 디지털트윈 도시 관리 · 이산화탄소 포집 기술 · 도시광산산업 · 새로운 행성개발
생태적 삶	· 신재생 에너지 확대 · 인간 활동 감소 · 자연 회복 · 생태적 삶 추구	· 코로나 사태 이후 알게 된 아픈 지구와 생태적 삶으로의 인식 전환	· 에너지 하베스팅 · 최소 에너지 소비 설계 · 제로 에너지 주택 · 공원 확대 및 친환경 도시 전환

5. 정치적 분석

한국은 코로나 바이러스 사태를 성공적으로 극복한 모델형 국가로 인정을 받았다. 이를 토대로 전 세계에 진단 키트와 진단법까지 수출하는 계기를 마련했다. 한국의 대응이 주목받은 가장 큰 이유는 정보를 투명하게 공개하고 공유한 정부의 대처방식에 있다. 아울러 그동안 운영되던 공공의료도 전염병 확산 차단에 한몫했다. 다른 나라에 비해 발전된 의료보험 제도로 효율적인 진단과 치료를 할 수 있었던 것이다. 이번 코로나19 사태는 보수정권 시기에 벌어진 2013년 진주 의료원 폐쇄 등 공공의료 축소 정책의 여파로 대구지역의 코로나 바이러스 사태 대응에 어려움을 겪으면서, 공공의료 정책의 중요성을 다시 한 번 깨닫는 계기가 되었다.

코로나 바이러스 위기를 어떻게 극복하느냐에 따라 전 세계에서 정치적 영향력을 발휘할 여지가 넓어질 수도 있다. 향후 1~2년 사이 코로나 바이러스 백신 및 치료제 등을 개발한 국가가 국제적 리더십을 가질 수 있는 중요한 기로에 우리는 서 있다.

정치적(Political) 변화

메가트렌드	서브트렌드	의미 분석	미래 기회
국제적 위상 상승	· 방역외교	· 높아진 국가 위상	· 국제적 리더십 확보
	· 국제 사회에서 높아진 한국의 위상		· 군사주권 확보
			· 항공/우주산업 발전
정부 역할 증대	· 공공의료 확대	· 정부 역할 공공성 확대	· 식민지 외교 극복
	· 재난기본소득 실험		· 재난기본소득 실시
민주주의 확대	· 개인정보보호 이슈	· 민주적 통제와 정보 균형성	· 지역 단위 마을경제
	· 민주적 통제, 시민 감시		· 시민 참여민주주의 확대
			· 개인정보보호와 공공 모니터링(Public Audit)
정보의 균형성	· 정보 투명성	· 시민이 정보 권력을 견제하는 구조 확립	· 전자정부 정보 투명성
	· 투명한 정보 공개		· 공적인사 평판 관리
			· 사법 시스템 감시
	· 언론 편향성		· 왜곡언론 뉴스 감시

02

STEEP 분석 전문가 인터뷰

고대 그리스 사람들은 미래를 알지 못해 두려워했다고 한다. 그래서 국가가 중요한 판단을 해야 할 때는 델포이 신전에서 여러 무녀(巫女)에게 물어보고, 그들의 답변을 종합해서 판단했다고 한다. 이러한 방식을 '델파이(Delphi)' 기법이라고 하며, 현대 사회에서도 여전히 활용되고 있다. 델파이 기법은 여러 분야 전문가 인터뷰를 종합하여 미래 전망 및 대응 전략을 짜는 데 활용된다.

우리는 전 세계적인 전염병 확산으로 자가 격리 등 행동적 제약을 받는 경우가 많아졌다. 이는 사람들의 심리에도 많은 영향을 미쳐 두려움을 만들어내고 있다. 따라서 이러한 상황의 실체를 이해하고, 우리가 가야 할 길을 전망해 볼 필요가 있다.

코로나 바이러스 사태로 우리 삶은 송두리째 변화하고 있다. 이제 우리 삶과 공동체에 대해 심도 있게 고민해볼 시점이 되었다. 그래서 각계각층 전문가들의 인터뷰를 통해 코로나 바이러스 사태 이후에 우리가 가야 할 새로운 길을 모색해 보았다. 불확실한 미래에 대해 고대 그리스인들이 델포이 신전에서 신탁을 하듯, 관련 분야 전문가들과의 인터뷰를 통해 그들의 지혜를 담고자 했다.

참여해주신 분들께 깊은 존경과 감사를 드린다. 참여해주신 분들은 다음과 같다. 정의당 소속 노동운동가이자 정치인 양경규(노동), 글로벌 블레싱 상임대표 김진 목사(종교), 김철희 님 등 언론소비자 연대 시민활동가(시민정치), 전 ETRI 연구원 김선영 박사(기술), 그밖에 이창준(HRD), 문학뉴스 김강석(문화), 홍성주(과학), 한호현, 최운호(개인정보), 류영현(부동산) 님 등, 다양한 전문가들이 참여해 주셨다. 다만 설문 내용 공개를 허락한 전문가에 한정시켜 지면을 통해 공개하는 점, 양해를 구한다.

1. 노동 분야

양경규(정의당 소속 노동운동가, 정치인)

노회찬, 심상정과 같은 진보정당운동 1세대. 1997년 제15대 대통령 선거에서는 국민승리21 권영길 대선후보 선거대책본부 조직위원장, 1999년 민주노총 부위원장, 전국공공운수노동조합 지도위원 겸 교육센터 센터장과 진보정치학교 〈오늘과 내일〉 대표 강사

Q: 코로나 바이러스 위기 상황에서 노동계의 가장 큰 이슈는 무엇
 이었습니까?

A: 코로나 바이러스 사태 초기에는 휴업 시 급여 문제, 병원과 공공
 시설에 개인보호 장구 지급 문제, 정부의 각종 고용유지 지원 정
 책의 사각지대 문제 등이 부각되었습니다. 그리고 현재는 고용
 위기가 본격화되면서 고용보험 확대, 해고 제한과 같은 일자리
 를 지키기 위한 방법론이 쟁점으로 부각되고 있습니다. 또한 바
 이러스 감염증 확산 위기 대응을 위한 공공의료 확충 등이 요구
 되고, 최근에는 이와 관련된 쟁점과 관련해서 '노사정대표자회
 의'가 진행되고 있습니다.

Q: 재택근무, 원격근무 경험을 통해 얻은 교훈은 무엇입니까? 이를
 통해 향후 노동계에는 어떤 변화가 예상됩니까?

A: 일부 사업장에서는 재택근무와 원격근무가 가능하지만, 대부
 분의 사업장에서는 당장 도입이 힘들 것으로 보입니다. 예를 들
 어, 제조업 공정은 물론 대면 서비스가 불가피한 의료, 돌봄 등
 사업장에서는 단기적으로 원격근무 방식이 불가능하지 않을까
 생각합니다. 특히 사무직 일부의 경우에는 원격근무가 확산될
 수 있지만, 일반적이지는 않을 것으로 보입니다. 다만 원격근무
 가 가능한 직군에서는 유연근무제가 확산될 수 있는데, 이 과정

에서 근로조건 보장 문제가 부각될 것으로 보입니다.

Q: 특히 원격근무에 대해 여러 가지 쟁점이 있었습니다. 특히 업무 효율성에 대한 논의, 업무 시간에 대한 신뢰, 효과적인 근태관리 방법 등은 미래의 노동환경과 업무방식 변화에 대비하기 위한 과제였다고 할 수 있습니다. 향후 노동계는 일과 삶의 균형을 위해 무엇을 어떻게 준비해야 할까요?

A: 여전히 원격근무 도입이 가능한 직군은 한정적인 것으로 보입니다. 그러나 원격근무 시 실제 업무를 통제하기 위해서는 온라인 원격 감시 및 통제가 강화될 수 있습니다. 특히 재택근무 시 일과 업무가 구별되지 않으면 이른바 '워라밸' 유지가 문제될 수 있습니다. 그리고 코로나 바이러스 위기 상황 이후의 일과 삶의 균형을 논의하기 전에 당장 엄청난 속도로 사라지고 있는 일자리에 대한 대책이 마련되어야 합니다. 당장 고용을 유지하고, 이미 일자리를 잃은 노동자들에 대한 생계지원 방안도 시급합니다. 아울러 비대면 중심으로 변화되는 노동환경에서 비롯된 노동시간 단축과 집약된 근무환경을 개선하는 과정이 병행될 필요가 있습니다.

Q: 코로나 바이러스 확산으로 비대면이 늘면서 자동화를 통한 노

동력 대체 움직임이 이어질 것으로 보입니다. 관련 노동이 사라지는 시대에 노동자의 권리보장 방법으로는 어떤 것이 있을까요?

A: 자동화는 미숙련 일자리 부문에서 먼저 일어나는 특징이 있습니다. 따라서 취약 노동자들이 피해를 볼 가능성이 크기 때문에, 공공부문 일자리 등 사회적으로 유용한 일자리를 적극적으로 만드는 것이 필요합니다. 또한 일부 직종에서는 일자리가 사라지지만 경제 전체의 규모가 유지된다면 다른 부문에서는 일자리가 만들어지기 때문에 새로운 일자리를 만드는 산업정책 필요합니다.

Q: 코로나 바이러스 위기 상황으로 택배 등 플랫폼 노동이 증가하고 업무 강도도 높아지고 있습니다. 특히 플랫폼 노동자의 경우에 특성상 노동이 자동화되면 언제든 해고될 수 있는 구조입니다. 이들에 대한 처우 개선과 함께 플랫폼 기업에 바라는 해법에는 어떤 것이 있을까요?

A: 지금 플랫폼 노동자들은 당장 자동화가 어려운 부문에서 생겨나고 있습니다. 예를 들어 배달과 운전은 즉시 자동화가 어려운 분야입니다. 우리가 주목할 부분 중 하나는 플랫폼 노동의 확산은 기술 발전의 필연적인 결과가 아니며, 법제도적으로 보장

된 각종 노동기본권 보장을 회피하기 위한 자본 측의 시도 때문에 만들어지고 있다는 것입니다. 플랫폼 노동자들도 노동자입니다. 플랫폼 기업은 이들 노동자에게 일을 시키는 주체입니다. 따라서 노동법이 부과하는 사용자 책임을 져야 합니다. 특히 산재보험과 고용보험에 가입할 수 있게 하고, 노조를 만들면 교섭 과정에 참여할 수 있게 하는 등 가장 기본적인 사용자로서의 책임을 받아들여야 합니다.

Q: 코로나 바이러스 위기 상황으로 전 국민 재난지원금이 기본소득 실험처럼 영세 자영업자와 플랫폼 노동자 및 일용직 노동자들에게 도움이 되고 있습니다. 그러나 지속적인 재원 마련과 함께 이들에 대한 근본적인 노동 악화 문제 해결과 사회적 분배를 위한 방안으로는 어떤 것이 있을까요?

A: 급격한 재난위기 상황에서 전 국민 재난지원금이 지급되었습니다. 그러나 이를 지속하는 데는 어려움이 있습니다. 우리 경제가 감당할 수 있는가, 조세를 어디까지 인상할 수 있는가, 취약층에 우선시되어야 할 복지가 축소될 우려가 있다는 점 등, 우려와 비판이 제기되고 있습니다. 지금 상황에서는 일자리를 잃는 사람이 가장 취약한 계층으로 보입니다. 즉, 중소 및 영세 사업장과 자영업 사업장의 경우에는 사용자도 폐업하고 노동자도

해고되고 있습니다.

또한 하청사와 비정규직은 계약이 해지되고, 일용직 및 특수고용직 노동자는 일감이 없어지면서 모두 일자리를 잃고 있기에 이런 사람들에게 지원을 집중해야 합니다. 고용보험을 특수고용 노동자를 포함하여 시급히 확대하고, 고용보험 가입 대상인데도 가입되지 않아 지원을 받지 못하는 중소 및 영세 사업장 노동자에게는 보험료를 지원할 필요가 있습니다. 소득파악 문제 등으로 당장 고용보험에 포괄하기 어려운 자영업자 등에게는 최근 법이 통과된 '한국형 실업부조'를 기간과 금액에서 추가 확충하여 생계를 보장할 필요가 있습니다. 이를 위해서는 고용보험에 가입된 안정된 일자리의 노동자가 사회연대적 입장에서 고용보험료 인상에 동의할 필요가 있습니다. 또한 법인세와 소득세, 재산세 인상 등 조세개혁도 필요합니다.

〈시사점〉

코로나19로 인한 환경 변화와 함께 기술 발전은 노동환경 개선 쪽으로 변화시켜 나갈 필요가 있다. 효율화를 통해 노동시간을 줄여나가며, 아울러 비대면 중심으로 변화되는 노동환경으로 노동시간 단축과 집약된 근무환경을 개선하는 과정이 병행될 필요가 있다. 한편으로 기술 발전은 미숙련 일자리를 위협하게 되는데, 이에 대비한 사회안전망 확보와 함께 이를 유지하기 위한 재원과 조세정책 설계가 요구된다. 특히, 플랫폼 산업 확대로 늘어나는 열악한 플랫폼 노동자들에 대해 노동법이 부과하는 사회적 책임을 다할 필요가 있다.

최근 일어난 '타다' 플랫폼 논쟁처럼 근본적 혁신이 없는 플랫폼 사업모델은 노동환경 악화만 만들 뿐, 근본적 혁신이 될 수 없다. 기술 기반 플랫폼 기업의 경우에 본질적인 혁신을 통해 노동환경을 악화시키지 않고 사회가 공존하는 변화를 만들어가야 할 필요가 있다.

이와 함께 코로나19로 비교적 다양한 디지털 결제 인프라를 갖춘 우리나라의 경우, 일정 기간 동안 특정 용도로만 사용하도록 제한한 재난지원금으로 자영업이 일시적으로 살아나는 경험을 했다. 따라서 이러한 기본소득 경제정책 측면에 대해 실패를 두려워하지 말고 새로운 영역에 도전하도록 만드는 것 또한 중요한 과제라 할 수 있다.

이와 함께 정부는 스마트 팩토리와 같은 자동화된 생산시설을 공유화하여 아이디어만 가지고도 창업이 가능한 사회를 열어야 한다. 그렇게 된다면 새롭고 혁신적인 일자리를 늘려나갈 수 있을 것이다.

2. 종교 분야

김 진 목사
글로벌블레싱 상임대표
예수향남교회 협동목사

Q: 요즘 코로나 바이러스 확산 때문에 전 세계가 힘든 시간을 보내고 있습니다. 경제적 어려움뿐 아니라 걱정, 두려움 등 심리적 어려움마저 겪고 있습니다. 개인만이 아닙니다. 경제, 예술, 문

화, 정치 등 사회 모든 분야에도 많은 영향을 미치고 있습니다. 코로나 바이러스 사태 이후 종교도 예외가 아닐 것으로 보입니다. 종교인은 어떤 선택을 해야 할까요?

A: 종교, 특히 기독교는 이번과 같은 도전과 변화 앞에서 자유로울 수 없습니다. 이런 시대적 변화 요청을 거부하거나 이에 뒤떨어진다면, 교회와 기독교는 사회에서 도태할 위험이 큽니다. 그렇게 되지 않기 위해 다음 세 가지 방향에서 한국 기독교는 신속하고 강력하게 변화해야 합니다.

첫째, 더 이성적이고 합리적 사고가 뒷받침되는 종교로 변해야 합니다.

비록 소수 교회와 목사지만 이번 상황에 대해 아주 비이성적인 말과 행동으로 국민을 불안하게 했습니다. 한 예로 성남의 한 교회에서 분무기로 소금물을 뿌리는 사진과 영상이 사회에 큰 충격을 주었습니다. 누군가의 잘못된 정보에 대해 합리적 의심이나 판단도 없이 분무기로 소금물을 뿌려 수십 명의 감염자를 발생시킨 이 사건은 한국 기독교의 한 단면을 보여주는 상징적인 사건이었습니다.

그동안 한국 기독교는 믿음과 신앙이라는 명목으로, 인간이 지닌 고유한 능력인 이성과 합리적인 사고에 지극히 인색했습니다. 그래서 누가 봐도 보편적이고 상식적인 판단과 행동이 오히려 비신앙적이고, 믿음 없는 모습으로 비치기도 했습니다. 또한 이런 모습은 비기독교인들에게 광신적인 모습으로 비치기도 했습니다. 물론 기독교 안에는 고유한 신앙과 믿음 체계가 있고, 또 이성만으로 모든 것을 이해하거나 판단할 수 없는 신비로운 영역도 있습니다. 그러나 이성 없는 믿음은 미신이 되기 쉽고, 합리적인 판단에 기초하지 않는 신앙행동 또한 자신은 물론이거니와 다른 사람들도 위험에 빠트릴 수 있다는 것을 명심해야 합니다.

둘째, 사회적 공공성과 책임성의 회복입니다.

코로나 바이러스 사태를 겪으면서 새삼 깨달은 것 중 하나는 우리가 서로 긴밀하게 연결되어 있다는 것입니다. 사람과 사람, 사회와 사회, 국가와 국가가 생각보다 매우 가깝게 연결되어 있다는 것입니다. 코로나 바이러스 사태는 우리가 얼마나 초연결 사회를 살아가고 있는지 아주 실감 나게 증명해 보여주었습니다. 기독교도 결코 예외가 아닙니다. 교회와 사회는 하나로 연결되어 있습니다. 기독교는 하나의 종교로서 엄연히 사회구성체의 한 일원입니다. 기독교인들은 외딴 섬에서 따로 살아가는 것이 아니라 비기독교인과 이웃 종교인들과 함께 공존하며 살아갑니다. 그렇게 기독교가 다른 사회구성체와 연결되어 있다는 것은 기독교 또한 사회구성체로서 감당할 '공적 책임'이 있음을 뜻합니다.

이번 기회에 기독교는 자신을 둘러싼 사회나 세계 공동체와 유리될 수 없다는 것을 절실하게 깨닫고 공공의 책임을 다하는 종교로 변화해야 합니다. 사실 이번에 많은 기독교인은 자발적으로 예배 모임을 자제하면서 남을 배려하는 모습을 보여주었습니다. 심지어는 기독교의 가장 큰 절기 예배 중 하나인 부활절 예배까지 연기한 교회도 많습니다. 그러나 아직 부족합니다. 사회와 세계가 직면한 문제들에 대해 함께 책임지는 사회적 공공성과 책임성을 회복해야 합니다.

셋째. 자발적 헌신과 희생 활동의 확대입니다.

대구에서 코로나 바이러스 감염증 확산이 한창 기승을 부리던 지난 2020년 3월 13일, 주요 해외통신사 중 하나인 AFP에 "한국 간호사들의 반창고, 영예로운 훈장이 되다"라는 제목의 기사와 사진이 올라왔습니다. 이 사진이 왜 전 세계 많은 사람들의 가슴을 울렸고, 많은 댓글로 감사의 마음을 표현했다고 생각하십니까? 여러분은 이 사진에서 어떤 느낌을 받았나요? 이 사진은 간호사들의 헌신과 희생을 보여주었습니다. 그리고 코로나 바이러스를 퇴치하겠다는 의지도 엿볼 수 있었습니다. 물론 간호사뿐 아니라 의사나 소방대원, 의료진들과 수많은 사람의 노력과 희생도 상징하고 있습니다.

저는 이 사진 속의 모습이 우리 종교인들, 기독교인들의 모습이면 얼마나 좋을까 생각했습니다. 기독교가 예수님을 신앙하고 따른다면, 사랑을 실천하는 희생과 헌신, 배려 등이 뒤따라야 합니다. 그러나 극히 일부 교회와 신앙인들을 제외하고 이런 모습보다는 신앙의 자유나 권리를 주장해 안타까웠습니다.

초기 기독교 역사를 보면, 전염병이 돌았을 때 자기 목숨을 바치면서까지 죽어가는 병자를 돌보았던 감동적인 이야기를 쉽게 접할 수 있습니다. 코로나 바이러스 사태 이후에 기독교는 약자들, 가난한 사람들, 소외된 이웃에 대한 사랑과 자기희생, 자기헌신 등을 지금보다 훨씬 적극적으로 드러내야 할 것입니다.

'코로나의 역설'이라는 새로운 용어가 탄생했습니다. 코로나 바이러스 확산으로 인해 세계 곳곳에서 예상하지 못했던 좋은 일들이 일어나는 역설적인 현상을 일컫는 말입니다. 코로나 바이러스 사태 때문에 역설적으로 공기와 물이 깨끗해지고, 폭력과 전쟁이 멈추고, 사람들의 연대와 배려가 더욱 강화되는 현상이 일어나고 있습니다. 사람들이 경제적으로나 심리적으로 어려움을 겪고 있어 코로나 바이러스로 인한 팬데믹 현상은 빨리 종식되어야 합니다. 그러나 '코로나의 역설'은 이후에도 건강한 사회 문화로 계속 이어지기를 바랍니다, 우리 종교가, 기독교와 기독교인들이 이것을 촉진하는 매개체가 되기를 희망합니다.

〈시사점〉

코로나19 이후 교회 등 종교시설에 대한 집합모임 제약으로 온라인 예배 등 새로운 흐름이 시작되었다. 또한 많은 교회들은 온라인 헌금 등으로 투명한 헌금 문화 확산에 앞장서고 있다. 코로나19로 인해 드러난 종교계의 비판은 과거의 불투명성과 무비판적인 믿음에서 비롯된 측면이 있다. 특히 코로나19 확산에서 종교집단을 통한 광범위한 전파와 감염경로 은폐는 큰 사회적 이슈가 되기도 했다.

이는 사회적 거리두기 참여로 인해 교회와 목사의 권위가 줄어드는 것에 대한 반발 현상으로 보인다. 그러나 오히려 이로 인해 종교를 바라보는 관점이 변화하고 있다. 이제 종교는 더욱 이성적이고 합리적 사고가 뒷받침되는 부분으로 바뀔 시점이 되었다. 특히 종교의 사회적 공공성과 책임성이 회복되어야 하며, 종교 본연의 자발적 헌신을 통한 움직임도 필요하다. 최근 투명성을 담보하는 정보기술은 이러한 종교의 긍정적 변화를 촉진할 것이다.

3. 시민·정치 분야

김철희 님 외 2명의 시민들

(평범한 직장인이면서도, 참여연대, 언론소비자주권연대, 민언련 등 시민단체 회원으로 다양한 활동을 하고 있음)

Q: 코로나로 전 세계가 힘든 시간을 보내고 있습니다. 사회 분야, 그중에서도 정치계의 가장 큰 이슈는 무엇이었습니까?

A: 한국 사회에서 현재 벌어지는 정치, 사회, 경제, 역사 등 각 분야의 총체적인 문제점은 검언유착 등 한국 사회 사법권력자들과 수구기득권 언론들 간의 유착입니다. 언론은 자신들의 수구기득권을 지키는 동시에 돈벌이에 혈안이 된 나머지 본분과 책무를 망각하고, 무차별적인 가짜 기사 작성과 허위정보 조작, 편파 및 왜곡기사, 심지어 언론 카르텔 형성을 통해 민심과 여론을 끊임없이 조작하고 있습니다. 검찰과 법원 역시 수구기득권을 유지하기 위해 고의적인 잘못된 수사, 잘못된 선고 등으로 법질서를 스스로 무너뜨리고 있습니다.

특히 코로나 바이러스로 인한 국가적 위기 상황에도 불구하고 여전히 사법권력과 언론권력은 야합을 통한 정치적 공세로 국민들의 걱정과 두려움을 확대시켜 혼란으로 몰아가고 있습니다. 나아가 이들은 정치, 경제, 문화적으로 중요한 중국 등 다른 국가들과의 외교마찰까지 조장하고 있습니다.

한국의 언론 병폐는 100년 전부터 시작됐습니다. 일제강점기에 탄생해 일본 천황에게 충성을 맹세하거나 일제에 부역한 후에 군사독재정권의 나팔수가 되면서 거대한 괴물이 되어버렸습니다. 제2차 세계대전 이후에 전시의 반동세력을 처단한 프랑스와는 달리, 우리나라의 경우에는 해방 후에 조선일보와 동아일보가 처단 및 폐간당하지 않은 탓에 친일 기득권 언론들이 친일

보수정권과 공생하면서 여러 폐단들을 발생시켜 왔습니다.

이들은 수구기득권 유지를 위해 가짜 기사와 편파 기사를 통해 남북갈등, 남남갈등을 야기하고 있습니다. 2020년 현재의 한국의 이른바 수구 및 보수 언론은 언론의 자유를 넘어 날뛰는 망아지 같은 방종언론입니다. 따라서 언론 견제 수단을 서둘러 만들어야 합니다. 국민들의 언론 바로알기 노력과 함께 국회는 하루빨리 '징벌적 손해배상제'를 통과시켜야 합니다.

검찰개혁과 사법개혁 문제도 시급합니다. 검찰과 법원은 행정부나 입법부와 달리, 선출되지 않은 권력임에도 불구하고 이 나라의 최상층부에서 국민 위에 군림하고 있습니다. 검찰 문제는 그것이 전관예우와 기소독점, 제 식구 감싸기 등 선택적 정의라는 데 문제가 있습니다. 이에 대한 최소한의 견제 수단인 고위공직자범죄수사처(공수처) 설립과, 대법관들을 국민이 선출하는 법 제정이 필요합니다.

시민사회단체 또한 지속적으로 언론권력과 사법권력에 대한 감시가 필요합니다. 대한민국 헌법 제1조 제1항인 "대한민국은 민주공화국이다. 대한민국의 주권은 국민에게 있고, 모든 권력은 국민으로부터 나온다"라는 문구의 현실화는 그냥 주어지는 것이 아닙니다. 이것을 작동시키는 것은 깨어 있는 시민들의 정치적, 사회적 관심과 행동의 몫이라고 할 수 있습니다.

Q: 무엇보다 정부의 빠른 대응과 과감한 결정, 투명한 정보공개 등이 코로나 바이러스 위기 극복의 중요한 열쇠로 보입니다. 이후 정치와 정책 결정에 있어 이번 코로나 바이러스 사태 경험은 경험은 어떠한 영향을 미칠 것 같습니까?

A: 근본적으로 정보는 권력이라는 시각에서 접근할 필요가 있습니다. 코로나 바이러스 사태에 대응하는 정부의 활동은 긍정적 면도 있지만 여러 가지 고민할 부분도 있습니다. 방역 대응을 위한 공공의료가 역할을 한 것은 일시적인 현상입니다. 반면 제도적으로 공공의료 비중이 커졌는가, 의료 공공성이 확대되었는가라는 측면에서 보았을 때 꼭 그렇지만은 않은 것 같습니다. 공공의료 비중이 커져야 한다는 공감대가 높아지기는 했지요. 정부가 추진하는 원격의료 확대 등의 사업이 의료 영리화를 추구해온 대형병원들의 숙원사업이기도 해서 그것이 의료공공성으로 귀결될지는 쉽게 판단하기 어렵습니다.

개인정보 보호와 관련된 부분도 매우 우려됩니다. 공익을 명분으로 해서 공권력이 개인정보를 쉽게 통제하거나 활용하도록 하는 것은 후과가 있을 수밖에 없습니다. 과거에 질서 유지와 공공의 안녕을 들어 집회 참가자들에 대한 정보를 무작위로 수집해서 수사에 활용했던 기억이 아직도 선명하지 않습니까? 그리고 바이러스 감염증 확진자 개인정보를 식별 불가능한 정보로 공유하면 피해가 적을 거라는 핑크빛 해석이 난무합니다만, 현실에서는 많은 피해가 발생했습니다. 개인의 동선 정보를 통해 직업이나 성별 정체성을 유추할 수 있었고, 이에 대한 무차별적인 비난과 혐오 댓글이 올라오기도 했습니다. 가까운 동네 사람들은 확진자를 쉽게 유추할 수 있어 문제가 되기도 했습니다.

〈시사점〉

정치 분야에서 시민사회의 역할이 커지고 있다. 이는 정보통신의 발전에 따른 자연스런 현상이라고 할 수 있다. 과거 TV와 라디오 등 정보가 한 방향으로 흐르던 시절에 미디어는 독재자의 프로파간다(선전) 도구였다. 하지만 지금처럼 쌍방향 소통이 가능한 시대로 접어들면서 미디어는 평가를 받는 위치에 놓이게 되었다.

지금은 시민들이 소셜 네트워크로 연결되어 의견을 내기도 하고 집단행동을 하기도 한다. 시민들의 이러한 정치 행위는 기존의 정치제도 내 정당들과 달리 이해관계에 얽매어 있지 않다. 그렇기에 그들은 생업에 종사하면서 자신과 아이들의 미래를 위해 본질적인 목소리를 낸다. 주목할 점은 이러한 시민사회가 네트워크상의 정보를 통해 가장 최적의 판단을 하는 집단지성처럼 사고하고 행동하고 있다는 것이다.

또한 미래의 인공지능 대중화는 시민들이 가짜뉴스 판별을 통한 언론감시 영역에도 영향을 미칠 것이다. 지금도 구글 트렌드로 언론 동향을 파악해 보면 언론의 모순됨을 확인하는 것은 어렵지 않다. 하지만 빅데이터와 인공지능 활용이 발달하면 시민사회는 뉴스를 보다 명확하고 쉽게 판단할 것이고, 물론 그것은 시민의 정치 참여에 더욱 큰 동력으로 작동할 것이다.

4. 기술 분야

김선영 공학 박사

(ETRI 연구원, 대학교수, 자문위원)

Q: 코로나 바이러스 대유행으로 다양한 기술들이 주목을 받았습니다. 그중 가장 이슈가 된 기술로는 어떤 것들이 있습니까?

A: 비대면 기술 중 무선이나 인터넷을 이용한 헬스케어 원격진료, 원격검진, 온라인 수업 관련 화상회의 기술, 챗봇 기술, 실내에서 할 수 있는 게임, 화초, 운동, 음식 등에 관련된 기술이나, 온라인 쇼핑, 배달 앱 등에 대한 기술이 주목받은 것으로 보입니다.

Q: 이번 코로나 바이러스 대유행에서 한국이 세계적인 모범국가가 된 요인 중 하나는 빠르고 정확한 정보의 공유였습니다. 이를 통해 사람들은 스스로 감염 위험에 주의를 기울이고, 능동적인 대응을 취할 수 있었습니다. 반면 정보 접근성이 취약한 계층은 위험에 노출될 가능성이 상대적으로 높을 수밖에 없었는데요.

취약계층에 대한 정보 접근성 문제로는 어떤 것들이 있습니까?

A: 먼저 정신적 측면의 정보 접근성과 육체적 측면의 독립생활 관련 접근성인 근린생활권 접근성과 일상생활에 필요한 도구의 접근성 등을 거론할 수 있습니다. 특히 정보 접근성은 웹 접근성을 넘어 디바이스 접근성, 방송 접근성 그리고 AI 접근성이 새로운 화두라 할 수 있습니다.

Q: 글로벌 IT 기업들은 코로나 바이러스 위기 대응을 위한 기술들을 선보였습니다. 앞으로 어떤 기술이 실생활에 적용될 수 있습니까?

A: 예방, 검출, 치료, 사후관리 측면에서 감염자 조기발견 기술, 원격 비대면 진단 기술, 백신 개발, 빅데이터 분석 기술 등이 필요합니다.

Q: 전 세계가 하나의 공동체로서 클라우드 컴퓨팅을 통한 코로나 바이러스 유전자 분석 등 기술 협력을 모색하고 있습니다. 이러한 흐름에서 현재 우리나라는 어느 수준에 있습니까?

A: 선진국 수준에 맞게 비교적 대응을 잘해왔다고 생각합니다. 특히 경제적으로는 백신 개발을 선점하는 것이 필요하지만, 사회적으로는 지구촌 여러 나라에 대한 지원 등을 병행해야 합니다.

또한 변종의 발생에 대비해 지속 가능성 차원의 전 세계적 협력
도 수반되어야 합니다.

Q: 코로나 바이러스 사태 이후 개인추적 기술 적용이 활발해짐에
따라 개인정보에 관한 논란이 일고 있습니다. 이에 대한 대응방
안은 무엇입니까?

A: 블록체인 등을 활용한 개인정보 보호와 단계별 정보보호 전략
이 필요합니다. 가급적 최소한의 정보를 개방해야 할 것입니다.

〈시사점〉

코로나19 이후 기술 발전에서 가장 중요하게 인식되는 분야는 예방, 검출, 치료, 사후관리 측면의 감염자 조기 발견 기술, 원격 비대면 치료 등 방역 영역이다. 이제 방역의료 기술은 정보기술과 결합되어 더욱 효과적인 사회방역 시스템 역할을 하게 될 것이다. 특히 비대면 기술 중 무선이나 인터넷을 이용한 헬스케어 원격진료, 원격검진, 온라인 수업 관련 화상회의 기술, 챗봇 기술, 실내에서 할 수 있는 게임, 화초, 운동, 음식 등에 관련된 기술이나 온라인 쇼핑, 배달 앱 등에 대한 기술이 주목받을 것으로 보인다.

그리고 우리 사회는 코로나19를 겪으면서 발달된 디지털 결제 인프라와 지역화폐 등으로 재난기본소득에 대한 선별적 사용과 시효를 눈앞에 둔 기본소득에 대해 시험을 할 수 있었다. 일본의 경우에는 현금으로 지원하다 보니, 주민들은 지원금을 사용하기보다는 저축을 한 탓에 중소자영업들의 경기 활성화에 한계로 나타나기도 했다. 한편 지역화폐 등에 사용되는 다양한 결제 시스템에 블록체인 기술 확대 및 개인정보보호 전략도 요구된다.

5. 문화 예술 분야

박정아 숭실대 겸임교수

Q: 코로나19로 BTS 등 K-Pop이 과거에 비해 소비와 유통이 어려
  워지고, 공연 및 영화 등 문화계의 변화도 눈에 띄고 있습니다.
  코로나19는 앞으로 문화계 전반에 어떤 영향을 미칠 수 있으리
  라 판단하십니까?

A: "눈을 감으면 마음이 열려 소음이 아닌 아름다운 사운드로 들리
  는 것처럼 익숙한 고정관념을 깨는 것이 예술이다"라고 백남준
  선생(1932-2006)의 정신적 연인이었던 화가 마리 바우어마이스
  터(Mary Bauermeister, 1934-)는 예술에 대해 이 같이 정의했습니다.
  백남준 선생은 매체를 통해 기존 예술이 가지고 있는 관념을 깨
  고 다양한 장르의 융합, 즉 음악과 매체 그리고 플럭서스 퍼포먼
  스 시도로 예술의 개념을 확장시켰습니다. 다시 말해 미술관에
  서 바라만 보던 작품에서, 미술관을 벗어나서도 경험을 통해 공
  감하고 소통할 수 있는 표현 예술을 완성한 것입니다.

백남준 선생의 사례에서 보듯, 예술과 문화계는 코로나19 이후 언택트(Untact·비대면, 비접촉) 상황을 단지 관객과의 물리적 거리가 멀어진 것이 아니라 물리적인 제약과 공간을 벗어난 새로운 경험의 문화콘텐츠를 시도하는 기회로 삼아야 합니다. 즉 실감형 공연, 영상 등 새로운 경험을 바탕으로 예술계는 '언택트를 넘어 온택트'로 다시금 도약할 수 있을 것입니다. 현재 기획된 공연과 개봉을 앞둔 영화들은 관객을 만나지도 못한 상황에서 이미 경제적 어려움을 겪고 있는 것이 현실입니다. 이에 따라 국가적 차원에서도 많은 정책과 지원이 문화 예술계에 진행되고 있습니다.

다르게 생각하면, 예술 및 문화계는 이러한 난국으로 인한 문제들을 과감히 받아들여야 합니다. 새로운 기술과 창조적인 아이디어가 예술과 문화계에도 절실히 필요한 때인 것입니다. 첨단 기술과 공연, 예술은 사람들에게 새로운 경험과 가치를 주며 커뮤니케이션 방식에도 큰 변화를 가져올 것입니다. 이러한 변화가 코로나19로 인해 좀 더 빠르게 다가왔다고 할 수 있습니다.

미래 뉴미디어 핵심 기술의 융합체인 실감형 기술은 공연, 미술관, 박물관 등 다양한 문화, 예술, 산업 분야에서 표현과 소통의 도구로 활용되고 있습니다. 최근에는 K-live 공연과 K-pop, 아이돌 공연에서 가상현실, 증강현실, 혼합현실과 홀로그램이 활용되어 성공적인 공연을 선보이며 외신의 시선을 사로잡았습니다. 이처럼 시공간을 초월한 라이브 공연은 높은 몰입감과 현장감으로 마치 현장에 있는 듯한 진한 감동과 경험을 선물합니다. 영화에서나 볼 수 있던 미래 기술들은 코로나19 이후 좀 더 빠르게 문화 예술 분야로 확산되고 있으며, 보는 이로 하여금 새로운 감동과 즐거운 경험을 만들어주고 있습니다. 특히, 현실 기반에 융합된 실감형 기술은 점차 다양한 디지털 콘텐츠와 함께 크게 활용될 것입니다. 넓게는 K컬쳐 글로벌 시장을 목표로 온택트 실감 콘텐츠인 라이브 유료공연이 플랫폼으로 진행되고 있다면, 좁게는 2020년도 트렌드가 그대로 반영된 사회적 거리두기, '집콕'을 중심으로 한 문화예술 콘텐츠가 최근까지도 활발하게 진행 중입니다. 또한 스마트 오디션과 공연뿐 아니라 영화 제작에 이르기까지 다양한 아이디어를 바탕으로 한 온택트 콘텐츠가 집중적으로 만들어지고 있습니다.

누구에게나 열린 새로운 경험과 소통은 새로운 문화와 또 다른 팬덤을 만들고 있습니다. 유명인이 아니어도 인플루언서가 될 수 있는 기회가 열리고 있습니다. 앞으로 공연, 영화, 문화계는 물리적 거리보다 더 가까운 감동을 제공하는 온택트 콘텐츠에 대해 더 많은 준비를 할 필요가 있습니다.

Q: 코로나 바이러스 사태 이후 영화 분야의 상황은 어떻습니까?

A: 공연 예술계의 경우에 온택트를 통한 유료 공연이라는 변화가 있었다면, 영화계의 경우에는 제작과정에서 가장 큰 변화가 있었습니다. 가상세트 즉 버추얼세트를 중심으로 한 제작이 할리우드를 중심으로 진행 중에 있습니다. 상상 속 미래를 만들어주는 영화 속 보이지 않는 기술인 VFX(Visual Special Effects 시각 특수효과)는 타 분야와의 융합, 콜래보레이션을 통해 화려한 볼거리와 효과를 제공합니다.

공연에서는 홀로그램, 미디어 파사드, 증강현실, 혼합현실 등이 활용되고 있습니다. 영화 제작에서는 AI와 융합된 딥페이크 가상액터가 활용되며, 촬영과 동시에 완성되는 버추얼세트가 트렌드로 자리 잡고 있습니다. 이처럼 코로나 19로 인한 영화 제작 환경의 변화는 비단 스토리뿐 아니라 마케팅에도 큰 영향을 미쳤습니다.

제작한 영화가 개봉하지 않고도 박스 오피스 1위를 만드는 해외 마케팅 사례를 보면 이제는 마이크로 틈새 마케팅이 필요한 시점이라고 할 수 있습니다. 큰 변화보다는 작은 아이디어들이 모여 큰 움직임을 만들어냄으로써 마케팅으로도 성공적인 사례를 만들어낼 수 있게 되었습니다. 포스트 코로나는 위기가 아니라 기회입니다. 창작과 예술 문화가 있는 곳은 언제나 가득함보다

비어 있을 때, 목마름과 갈망이 있을 때 좀 더 많은 기회를 만들어냅니다.

포스트 코로나 시대에는 '익숙한 고정관념을 깨뜨리는' 발상의 전환이 필요한 게 아닐까요? 불가능을 생각하기 전에 가능한 방법을 먼저 생각한다면 창조력과 혁신적인 문화 예술을 만들 수 있을 것입니다.

〈시사점〉

인간 삶의 방식이 급속하게 변화되는 가운데 예술 또한 변화를 피할 수 없다. 왜냐하면 예술 자체가 삶의 또 다른 표현 방식이기 때문이다. 예술이 우리 안의 고정관념을 깨뜨리듯, 고정관념이 깨진 우리 삶의 변화는 예술을 새로운 영역으로 확장시키고 있다.

코로나19는 인간의 현실공간 활동을 제약했다. 하지만 온라인 공간의 연결을 차단하지는 못했고, 앞으로도 그럴 것이다. 따라서 온라인으로 확장된 인간의 삶에 맞추어 예술 역시 새롭게 대두되는 가상현실과 증강현실 및 홀로그램과 같은 온라인 기술 기반으로 확장되어 새로운 장르의 탄생을 예고하고 있다. 예술인들의 새로운 시도가 기대된다.

4장

코로나에 대응하는 첨단 IT 기술

01

의료 현장에 투입된 자율주행차와 로봇

▲ 무인 자율주행차 스타트업 누로(Nuro)가 코로나 바이러스과 싸우는 의료 현장에 무인배달 차량 R2를 투입한다. (출처: Nuro)

1. 비접촉 배송을 지원하는 자율주행차 R2

전 구글 엔지니어가 설립한 무인 자율주행차 스타트업 누로(Nuro)가 코로나 바이러스와 싸우는 의료 현장에 무인 배달 차량 'R2'를 투입한다고 2020년 4월 22일(현지 시각) 발표했다. 코로나 바이러스 치료에는 많은 의약품과 의료장비, 식량 등이 필요하다. 하지만 그런 물자를 전달하는 과정에도 감염이 확산되는 문제가 지적되어 왔다.

누로가 의료 현장에 투입하는 자율주행차 R2는 사람과 사람이 접촉하지 않는 비접촉 배송을 수행했다. R2는 원래 대형 슈퍼마켓 무인 배송을 위해 개발된 로봇이다. 바이러스는 알루미늄과 유리 등 단단하고 매끄러운 표면에 최대 72시간 동안 생존한다. 하지만 R2는 손짓을 인식하고 문을 열고 닫을 수 있어 바이러스로부터 안전하다. R2는 현재 코로나 바이러스 감염증 환자 임시 수용시설로 활용되고 있는 미국 캘리포니아 새크라멘토시 농구 경기장과 산마테오 카운티 이벤트 센터에서 운용될 예정이다.

R2는 일반 승용차보다 훨씬 작다. 최대 시속 25마일(약 시속 40킬로미터)로 주행이 가능하지만, 실내에서는 시속 5마일(약 시속 8킬로미터)로 주행한다. 데이브 퍼거슨 누로 CEO는 "코로나 바이러스와 싸우는 의사와 간호사, 식료품점 직원, 구급대야말로 영웅이다"라며 "그들을 돕기 위해 스스로 지원했다"라고 말했다.

한편 자율주행차를 코로나 바이러스 위기 문제 해결에 지원하는 기업은 누로뿐만이 아니다. 미국 로봇 스타트업인 키위봇(KiwiBot)도 작은 배달통 크기의 자율주행차 '배송 박사(Delivery Doctor)'로 의약품이나 마스크, 식료품 등을 배송하는 프로젝트를 시작하고 있다.

2. 원격심사에 투입된 보스턴 다이내믹스의 로봇 '스팟'

미국 보스턴 다이내믹스(Boston Dynamics)의 사족 보행 로봇 '스팟(Spot)' 은 코로나 바이러스 감염자의 원격심사에 활용되고 있다. 일본 소프트뱅크 산하의 로봇 개발업체 보스턴 다이내믹스는 자사 로봇 스팟이 코로나 바이러스 감염증 의심 환자의 원격심사에 이미 활용되고 있다고 2020년 6월 23일 발표했다. 스팟은 거친 지형에서도 보행이 가능하며, 팔로 문을 여는 등, 탁월한 능력을 발휘해 화제를 불러왔다.

▲ 아이패드를 탑재한 보스턴 다이내믹스의 사족 보행 로봇 스팟(Spot).
 (출처: Boston Dynamics)

　미국 하버드 의과대학 부속병원인 브리검앤 여성병원은 코로나 바이러스가 의료 종사자에게 감염될 것을 우려해 아이패드(iPad)를 탑재한 스팟을 이용 원격심사를 시작했다. 아이패드를 탑재한 스팟은 원격으로 환자를 유도할 뿐만 아니라 아이패드 영상 통화로 의사가 환자의 상태를 확인하면서 문진할 수 있다.

　보스턴 다이내믹스도 "스팟 활용은 의료 종사자의 감염률을 낮출 뿐 아니라 마스크와 장갑 등 개인보호 장비 소모를 억제시킨다"라면서 자사의 하드웨어와 소프트웨어로 코로나 바이러스 문제 해결 지원에 앞장서겠다는 뜻을 밝혔다. 보스턴 다이내믹스는 이를 위해 이미 캐나다 현장 로봇개발 기업인 클리어패스 로보틱스(Clearpath Robotics)와 협력을 취하고 있다.

　현재 보스턴 다이내믹스가 개발 중인 프로젝트는 스팟에 자외선 살균램프(UV-C) 등 바이러스 입자를 제거하는 기술을 탑재해 원격으로 병원과 지하철역 등의 물체 표면에 있는 바이러스를 박멸하는 기능을 구현하기 위해 노력하고 있다. 또한 향후 목표로 열화상 카메라를 사용한 체온, 호흡 횟수 측정 시스템과 RGB(Red-Green-Blue) 카메라를 사용한 맥박수 측정, 산소 포화도를 측정하는 방법 등을 스팟에 구현할 계획이다.

02

치료제 개발에 활용되는 컴퓨팅 파워

1. 코로나 치료제 개발 프로젝트의 현재

전 세계적으로 대유행 조짐을 보이는 코로나 바이러스에 대한 연구에 PC의 남는 컴퓨팅 파워를 사용해 대처하는 프로젝트가 가동됐다. 미국 스탠퍼드대학을 중심으로 2000년 10월부터 진행되고 있는 분산 컴퓨팅 프로젝트 '폴딩앳홈(Folding@home)'이 코로나 바이러스를 분석하고 새로운 치료법을 개발하기 위한 노력을 하고 있다. 사용자는 폴딩앳홈 프로그램을 설치해 사용하지 않는 컴퓨팅 리소스를 기부하면 코로나 바이러스의 새로운 치료법 설계에 협력할 수 있다.

코로나 바이러스는 사스 코로나 바이러스(SARS-CoV)와 매우 유사한 기능으로 작동한다. 이 두 개의 코로나 바이러스는 바이러스 표면의 단백질이 폐 세포의 수용체 단백질과 결합해서 폐의 첫 번째 감염

단계가 발생한다. 이 바이러스 단백질을 스파이크 단백질(spike protein)
이라고 하며, 아래의 이미지에서 붉은색으로 표시되어 있다. 이 수용
체는 ACE2(angiotensin-converting enzyme-2)라고 알려져 있다.

▲ 코로나 바이러스 표면에 있는 스파이크 단백질이 폐 세포의 표면에 발현하는
ACE2 수용체와 결합하여 인체에 침입한다. (출처: 스탠퍼드대학)

코로나 바이러스 표면에 있는 스파이크 단백질은 폐 세포의 표면
에 발현하는 ACE2 수용체와 결합하여 인체에 침입한다. 따라서 스
파이크 단백질이 ACE2 수용체에 결합하는 것을 막을 수 있는 단백질
을 치료용 항제의 일종으로 파악하고 있다.

사스 코로나 바이러스를 위한 치료용 항체는 이미 개발되어 있다.
하지만 2019-nCoV용 항체를 개발하려면 코로나 바이러스의 스파이
크 단백질 구조와 ACE2 수용체와 결합 과정을 더 깊이 이해할 필요
가 있다.

단백질은 멈춰 있지 않는다. 단백질은 꿈틀거리고 축소하거나 열

리면서 다양한 형태를 취한다. 따라서 코로나 바이러스 스파이크 단백질의 모양도 하나가 아니다. 즉, 스파이크 단백질이 ACE2 수용체와 상호 작용하는 방법을 확실히 이해하고 항체를 설계할 수 있도록 단백질의 다양한 형상을 연구해야 한다.

이미 사스 코로나 바이러스의 스파이크 단백질 구조는 어느 정도 밝혀졌지만, 코로나 바이러스는 다른 변이로 밝혀지고 있다. 이러한 정보를 바탕으로 코로나 바이러스의 스파이크 단백질 구조를 모델링하고 치료용 항체의 표적이 되는 부위를 특정하기 위한 계산 모델을 구축하는 것이 폴딩앳홈의 목표다.

하지만 프로젝트를 실행하기 위해서는 엄청난 컴퓨팅 파워가 필요하다. PC의 남는 컴퓨팅 파워를 폴딩앳홈에 기부하려면 따로 등록하지 않고 웹 사이트에서 배포되는 전용 프로그램을 다운로드해서 설치하면 된다.

2. 글로벌 IT 기업들, 코로나 연구에 슈퍼컴퓨팅 제공

미국 정부의 코로나 바이러스 대책팀이 미국 내 슈퍼컴퓨팅 자원을 활용하는 민관 협력 컨소시엄을 2020년 3월 23일 출범했다. 이 컨소시엄은 백악관 및 에너지부 등 정부 기관과 IBM, 구글, 마이크로소프트, 아마존 등이 함께한다. 앞으로 컨소시엄은 코로나 바이러스에 대한 역학 및 생체정보 분자 모델링과 같은 다양한 연구 프로젝트에 총 330페타플롭스(PetaFlops, 1초당 1,000조 번 연산처리) 컴퓨팅 자원을 제공한다.

▲ 지난 2020년 3월 20일 도널드 트럼프 미국 대통령이 차드 울프 연방 국토안보부장관 대행의 백악관 코로나19 태스크포스 브리핑을 듣고 있다. (출처: flickr, The White House)

우리나라의 한국과학기술정보연구원(KISTI) 슈퍼컴퓨터 5호기 '누리온(Nurion)'의 처리능력은 13.9페타플롭스다. 2019년 슈퍼컴퓨터 성능 순위에서 1위를 차지한 미국 오크리지국립연구소의 슈퍼컴퓨터 서밋(SUMMIT) 처리능력은 148.5페타플롭스다.

컨소시엄은 IBM 및 백악관 과학기술 정책국과 미국 에너지부가 주도하며, 컴퓨팅 자원은 국립 연구소 및 기타 기관과 협력해 제공한다. 연구자들이 수행하는 역학 및 생물정보 분자 모델링은 기존 저속 컴퓨팅 플랫폼의 경우에 몇 년이 걸리지만, 슈퍼컴퓨팅은 같은 처리를 몇 달 만에 할 수 있다. IBM에 따르면 이 컨소시엄은 77만 5,000개의 CPU 코어와 GPU 3만 4,000개를 사용해 330페타플롭스 컴퓨팅 처리능력을 확보한다.

컴퓨팅 자원을 제공하는 곳은 IBM, 로렌스리버모어국립연구소, 아르곤국립연구소, 오크리지국립연구소, 샌디아국립연구소, 로스알라모스국립연구소, 미국국립과학재단, 미항공우주국, 매사추세츠공과대학, 렌슬러공과대학 및 여러 기술 회사들이다. 컨소시엄 참여에 대해 구글은 "기술·학계·공공 부문 리더들과 함께 구글 연구진이 코로나 바이러스 감염증에 관한 치료제와 백신 개발에 구글 클라우드 컴퓨팅 자원 제공을 기대하고 있다"라고 말했다. 마이크로소프트도 "코로나 바이러스 감염증과 싸우는 연구자들이 필요한 도구에 접근할 수 있기를 희망한다"라고 밝혔다.

3. 코로나 바이러스 연구에 기술과 자금을 제공한 아마존

아마존의 경우에 코로나 바이러스 확산 영향으로 온라인 매출이 크게 늘고 있다. 반면, 지난 4월 코로나 바이러스 감염증으로 물류창고 직원 중에서 사망자가 나오면서 배송 센터 대책이 불충분하다는 지적도 제기되었다. 그렇다고 아마존이 아무것도 하지 않는 것은 아니다. 아마존은 코로나 바이러스 연구에 많은 자금과 자원을 제공하고 있다. 생명과학 매체 스탯(STAT)은 아마존의 코로나 바이러스 대응을 위한 활동을 크게 4가지로 전했다.

▲ 입고, 검수, 피킹, 패킹, 출하, 배송까지 전 과정을 신속하게 처리하는 아마존 풀필먼트 센터(출처: flickr, Tony Webster)

① 코로나 바이러스 감염증 환자 혈장을 이용한 임상시험

미국 컬럼비아대학이 주도하고 있는, 코로나 바이러스 감염증 완치 환자 혈장이 감염 예방과 중증 환자 치료에 도움이 되는를 조사하는 연구에 250만 달러(한화 약 30억 6200만 원)를 조성하고 있다.

② 혈장 제공자와 연구자 중개

아마존은 아마존 웹서비스에서 혈장 기증 후보자에 대한 온라인 레지스트리 구축에 협력하고 있다. 기부 후보자가 등록하면 연구자로부터 연락을 취할 수 있는 구조로 되어 있고, 지금까지 1만여 명이 가입했다. 또한 임상 대상으로 진행 중인 연구자원 등의 제공도 이루어지고 있다.

③ 코로나 바이러스 확산에 대한 연구

프레드 허친슨 암연구센터에서 연구 중인, 코로나 바이러스 감염률과 감염 기간, 면역수 상태 등에 대한 연구에 자금을 제공하고 있다. 제공 금액은 비공개이며, 연구 디자인 협력과 아마존 웹서비스도 제공하고 있다.

연구는 의료 및 외식산업, 공공시설 관리자, 법 집행 기관 등 바이러스 감염 위험이 높은 직업군에 초점을 맞췄다. 연구에 참여하는 사람은 비강 점막을 채취해 한 주에 한 번씩 제출하고 있으며, 매월 혈액 샘플도 보내고 있다.

④ 가정용 키트 배포

영국 아마존(Amazon UK)에서는 의료 종사자나 교사, 납품업자, 슈퍼마켓 점원 등 코로나 바이러스 감염 증세가 보이는 사람을 위해, 영국

런던 소재 디지털 병원 메드벨(Medbelle)과 글로벌 임상진단 기업인 란독스(Randox)가 개발한 가정용 진단 키트를 배포하고 있다. 또한 미국 워싱턴 주에서도 이와 유사한 활동이 이루어지고 있다.

4. 코로나 바이러스 가정용 진단 키트를 제공하려는 빌게이츠재단

마이크로소프트 창업자 빌 게이츠와 아내 멜린다 게이츠가 설립한 자선 단체 〈빌앤멜린다게이츠재단(Bill & Melinda Gates Foundation)〉이 코로나 바이러스 진단 키트를 미국 시애틀에서 조만간 제공할 예정이다. 시애틀 타임즈에 따르면, 빌앤멜린다게이츠재단의 코로나 바이러스 진단 키트를 감염이 의심되는 사람의 코에 면봉을 꽂아 샘플을 채취해 시애틀에 있는 빌앤멜린다게이츠재단 연구소에 제출하면 1~2일 안에 검사 결과를 알 수 있다. 또한 검사 결과는 시애틀 보건당국과 자동으로 공유된다.

게이츠재단 코로나 바이러스 대응 책임자인 스콧 두웰(Scott Dowell)은 "현 단계에서는 하루에 400건 정도 검사할 수 있지만, 향후에는 하루에 수천 건의 검사를 할 수 있다"라고 말했다. 또한 "진단 키트 제공 시기는 가능한 한 신속하게 진행되겠지만, 언제쯤 시작될지는 미정이다"라며 "시작은 시애틀에 한정되지만, 후에 전국으로 확대할 예정"이라고 말했다.

(출처: 빌앤멜린다게이츠재단(Bill & Melinda Gates Foundation))

이번 검사 키트는, 게이츠재단이 워싱턴대학에 2,000만 달러(약 240억 원)를 제공한 인플루엔자 등 감염에 대한 연구 프로젝트인 '시애틀 플루 스터디(Seattle Flu Study)'의 연구를 기반으로 개발된 검사 방법 등을 코로나 바이러스 검사 키트에 반영한 것이다. 게이츠재단이 제공하는 검사 키트에 의한 조사와 관련해서 시애틀 시민은 누구나 온라인으로 자신의 건강상태에 관한 질문에 답해야 한다. 그 답변을 통해 코로나 바이러스에 감염됐을 가능성이 있다고 판단된 경우에 검사 키트를 요청하면 2시간 이내에 집에서 받아볼 수 있다.

게이츠재단은 2020년 2월 5일 코로나 검출 및 치료에 최대 1억 달러(약 1,200억 원)를 기부한다고 발표했다. 또 3월 4일에는 시애틀 지역,에서 코로나 대응을 위해 500만 달러(약 60억 원)을 투입한다고 발표한 바 있다. 기부 대부분 금액은 이번 검사 키트 개발에 충당하는 것으로 알려졌다.

5. 중국 IT 기업, 코로나에 앞다퉈 컴퓨팅 지원

전 세계에 퍼지고 있는 코로나 바이러스에 대한 불안과 관심이 최고조에 달하고 있다. 이 와중에 바이러스와의 전쟁에 전 세계 과학자들은 협력을 통해 대응하고 있다. 그런 가운데 중국 IT 기업들이 인공지능(AI)과 컴퓨팅 역량을 통해 신종 코로나 바이러스 감염증에 대응하며 적극적인 사회적 책임(CSR, Corporate Social Responsibility)을 다하는 모습이 주목을 받고 있다. 최근 중국의 텐센트, 바이두, 중국슈퍼컴퓨터센터 등은 자신들의 컴퓨팅 자원을 개방해 RNA(리보핵산) 예측 알고리즘을 세계 연구자들이 이용할 수 있도록 공개했다.

바이두는 자사의 RNA 예측 알고리즘인 리니어 폴드(Linear Fold)와 현존하는 가장 빠른 RNA 구조 예측 플랫폼도 전 세계 연구원들에게 공개했다. '시간'과의 싸움을 벌이고 있는 많은 연구자들에게, 바이러스의 RNA 2차 구조 예측 시간을 크게 단축시켜 바이러스에 대한 심층적인 이해를 높이고 백신을 개발하는 데 집중할 수 있는 기회를 제공하기 위해서다. 이미 바이두의 AI 과학자들은 리니어 폴드 알고리즘을 활용해 신종 코로나 바이러스 유전자 2차 구조 예측 시간을 55분에서 27초로 크게 줄여 그 속도를 120배나 높였다.

중국 최대의 전자상거래 회사인 알리바바(Alibaba)도 알리바바 클라우드 AI 컴퓨팅 기능을 과학연구 기관에 무료로 제공하고 있다. 또한 알리바바는 베이징 칭화대학교의 글로벌 건강의약품 디스커버리 연구소(GHDDI, Global Health Drug Discovery Institute)와 파트너십을 맺고 AI를 이용해 코로나 바이러스를 추적하는 오픈 소스 데이터 플랫폼을 개발했다. 특히 알리바바 클라우드 사업부는 2015년부터 유전체 연구를 수행해오고 있다. 또한 세계 최대의 유전체 조직 중 하나인 베이징 게놈 연구소(BGI, Beijing Genomics Institute)에 고성능 컴퓨팅과 데이터 분석 기능을 제공하고 있다.

▲ 얼굴에 마스크를 쓴 쇼핑객들이 3일 베이징의 한 매장을 드나들고 있다.
(출처: Stephen Shaver/UPI)

중국의 음식배달 플랫폼인 '메이퇀(美团)'과 '어러머(饿了么)'는 바이러스 확산 방지를 위해, 음식 배달 라이더가 식당 직원 및 소비자와 긴밀한 연락을 취하는 전용 바이러스 대응팀을 설립했다. 알리바바, 타오바오, 써닝, 징동닷컴 등은 마스크 구입 보조금 지원과 더불어 소독제 등 의료 품목의 가격 급등을 방지하기 위해 노력하고 있다.

한편 구글도 위기 대응 서비스인 SOS 경보에 실시간 바이러스 관련 시각 정보를 제공하고 경로 예측 시스템을 도입하기 시작했다. 한편 페이스북과 인스타그램은 가짜 뉴스를 퍼뜨리는 게시물을 적극적으로 검색하고 차단하고 있다.

과학계도 적극 나서고 있다. 상하이 푸단대학 공중보건 임상센터 보건대학원이 게놈 분석 결과를 발표한 것을 시작으로, 중국 연구 기관이 잇달아 게놈 분석 결과를 발표하고 있다. 중국 과학저널 데이터베이스 서비스인 '충칭 VIP정보(Chongqing VIP Information)'는 웹사이트에서 바이러스 연구가 진행되는 동안 모든 연구 논문을 공개한다고 밝혔다.

온라인 아카이브 전문가 그룹은 코로나 바이러스에 대한 5,000개가 넘는 유료 논문을 누구나 비용을 지불하지 않고 다운로드할 수 있게 공개했다. 이들은 1968년~2020년 기간 동안 Sci-Hub에 게재된 논문 중에서, 제목이나 초록이 코로나 바이러스(Marys and SARS) 또는 감기를 유발하는 병원체를 포함한 5,200개의 논문을 검색해서 편집

했다. 그런 다음 'Archivist'라는 레딧(Reddit) 사용자가 운영하는 대규모 온라인 아카이브 프로젝트인 '디 아이(The-Eye)'를 통해 이 자료들을 제공하고 있다.

또한 엘스비어(Elsevier), 와일리(Wiley), 스프링거 네이처(Springer Nature) 등 일부 과학 논문 출판사도 신종 코로나 바이러스 관련 논문을 무료로 공개하고 있다. 엘스비어의 경우에 대규모 과학 및 의료 연구 데이터베이스인 사이언스 디렉트(Science Direct)를 통해 코로나 바이러스의 여러 계통에 대한 2,400개 이상의 연구 논문을 누구나 접근할 수 있도록 준비하고 있다.

한편 국내 과학계도 각 분야에서 적극 대응하는 모습이다. 하지만 아쉽게도 이 같은 의무를 IT 기업이 실천하는 모습을 찾아보기란 쉽지 않다. 성공한 기업들이 정당한 대우를 받기 위해서는 그에 합당한 도덕적 의무와 책임을 다해야 한다. 그런데 왜 이렇게 요지부동일까. 이들이 몰라서 실천하지 않는 것은 아닐 것이다.

중국 사례를 통해 알 수 있듯이, 적어도 IT 분야에서 재난 수준의 사회문제 해결을 위한 '사회적 책임'도 실력이 있어야 가능하다. 경영학 전문가인 윤정구 교수는 "초연결 디지털 시대 로컬에서 발생하는 문제는 글로벌 팬데믹(pandemic·전염병의 대유행)으로 확산되는 성향이 있다"라며 "기업은 이런 재난에 직면했을 때 자신들이 보유한 플랫폼 자원을 공개해서 팬데믹 문제를 실질적으로 해결하려고 나서야 한다"라고 강조했다. 이어 "하지만 대한민국 디지털 기업에는 이러한 사회문제를 실질적으로 해결할 솔루션이 보이지 않는다"라며 "하루빨리 글로벌에서 경쟁할 수 있는 실력을 키워야 한다"라고 지적했다.

6. 클라우드 컴퓨팅에 35조 원 투자 계획을 세운 알리바바

중국 최대 전자상거래 기업 알리바바가 향후 3년간 클라우드 컴퓨팅 부문에 2,000억 위안(약 34조 7,800억 원)을 투자한다고 2020년 4월 20일에 발표했다. 이는 중국 내 클라우드 컴퓨팅 시장에서 점유율 1위를 차지하고 있는 알리바바는 세계 클라우드 시장에서 아마존, 마이크로소프트 등과 경쟁하기 위한 조치였다.

알리바바는 엄청난 양의 전자상거래를 위해 클라우드 컴퓨팅 부문인 알리바바 클라우드를 설립하고 지금까지 적극적으로 투자해 왔다. 하지만 이번에 발표한 2,000억 위안 추가 투자는 2019년 매출액의 절반에 해당할 정도로 큰 규모다. 알리바바에 따르면, 이번 추가 투자는 OS나 서버 칩 등과 전 세계 21곳에 구축되어 있는 네트워크 개선 및 새로운 데이터 센터 구축 등에 사용된다.

알리바바 클라우드는 빠르게 성장하고 있다. 2019년 4분기 알리바바 클라우드는 수익이 107억 위안(약 1조 8,600억 원)을 돌파하며 전년

동기 대비 62%가 증가했다. 2020년 8월 기준 알리바바의 총수익 중 클라우드 컴퓨팅 부문은 7%에 불과하다. 이번 대규모 추가 투자는 코로나 바이러스의 영향에 따른 것으로 해석된다. 코로나 바이러스의 세계 대유행으로 인해 전 세계 경제가 침체기를 맞은 반면 디지털 경제는 촉진되고 있다. 알리바바는 이번 코로나 바이러스 확산 위기를 발판으로 클라우드 시장 점유에 적극 나서는 모습이다.

03

AR/VR, 원격근무 활성화의 주역

페이스북이 코로나 바이러스 대유행 영향으로 대규모 직원을 원격근무로 개편할 계획이다. 마크 저커버그 CEO는 2020년 5월 21일(현지 시각) 아침 전 직원 화상회의에서 코로나 바이러스 이후에도 원격근무를 계속 도입해 나갈 것이라고 발표했다. 이날 회의에서는 미국에서 원격으로 일하는 직원 모집 및 고용을 시작하고, 올해 후반에는 전 세계 페이스북 직원 48,000명을 희망에 따라 원격근무로 전환 배치할 예정이라고 설명했다.

저커버그는 "앞으로 5~10년 안에 페이스북 직원 대부분은 원격근무가 가능하게 된다"면서, "원격근무로의 전환은 매우 신중하고 조심스럽게 진행해야 한다. 직원 50%가 원격근무가 가능하다"라고 말했다. 또한 "원격근무 추진은 여러 가지 장점이 있다. 직원을 채용하는데 지역에 제한을 받지 않기 때문에 다양한 커뮤니티에 사는 직원을 고용하는 회사로서 다양성을 존중하게 된다"라고 강조했다.

▲ 마크 저커버그 CEO는 2020년 5월 21일(현지 시각) 아침 전 직원 화상회의에서
코로나 바이러스 사태 이후에도 원격근무를 계속 도입해 나갈 것이라고 발표했다.
(출처: 마크 저커버그 페이스북 페이지)

　현재 코로나 바이러스 대유행으로 불붙은 각 기업의 원격근무는
좋은 성과를 내고 있다. 또한 여러 조사기관의 설문에 따르면, 직원
대부분이 원격근무를 희망하고 있는 것으로 나타났다. 현재 각 기업
에서 실시하는 원격근무는 일을 하기 위해 출근을 하거나 업무 관련
교육을 할 필요가 없기 때문에 신입이 아닌 경험이 풍부한 직원 고용
에 초점을 맞추고 있다.

　발표 전날 저커버그는 더버지(The Verge)와의 인터뷰에서 "원격근무
정책을 검토하면서 이미 원격근무를 도입한 기업에 얘기했더니 신입
사원을 채용하지 않는다는 흥미로운 이야기를 들을 수 있었다"라며,
"페이스북은 매년 신입사원 수천 명을 채용하고 있기 때문에 이 2가

지 균형을 어떻게 가지고 갈지도 과제다"라고 말했다. 그러면서 "신입직원이 원격에서 어떻게 일할 수 있게 될지 매우 흥미로운 실험이 될 것"이라며, "우리는 항상 인턴들로부터 많은 것을 배운다"라고 말했다.

코로나 바이러스 대유행으로 어쩔 수 없이 실시된 원격근무가 모두 좋은 것만은 아니었다. 직원 간 커뮤니케이션 부족이나 브레인스토밍 등 창의적 활동을 할 수 없다는 문제점도 불거졌다.

저커버그는 왜 이런 과감한 정책을 내세웠을까. 페이스북이 주력하고 있는 AR·VR 플랫폼에 방점이 찍힌다. 현재 원격근무에 있어 가장 효율이 높은 커뮤니케이션 기술이기 때문이다.

페이스북은 딥러닝으로 구현하는 코덱 아바타(Codec Avatars)로 가상현실(VR) 및 증강현실(AR) 공간에서 사람들과 상호작용이 가능하다. 손 추적 기능을 탑재한 오큘러스 퀘스트(Oculus Quest)도 개발, 별도 외부 센서나 특수 장갑 또는 PC도 필요 없이 손과 손가락 움직임만으로 가상현실 환경에서 자연스럽게 상호작용이 가능하다. 게다가 거기다 2017년에는 오큘러스 소프트웨어개발키드(SDK)에 최초로 공간오디오 솔루션을 제공하는 데 성공했다.

또 페이스북은 증강현실 업체들을 사들이고 있다. 지난 2020년 2월 인공지능 3차원 컴퓨터 비전 스타트업 '스케이프 테크놀로지스(Scape Technologies)'를 약 4,000만 달러에 인수했다. 2019년에는 뇌파로 컴퓨터를 조종하는 뇌-컴퓨터 인터페이스(BCI) 기술 스타트업 콘트롤랩스(Ctrl-labs)를 인수하고, 증강현실 기업 오리온과 3차원으로 전 세계를 3D 지도화하는 프로젝트인 라이브맵스(LiveMaps) 개발 계획을 발표했다.

▲ 페이스북이 2019년 9월말에 개최한 〈Oculus Connect 6(OC6)〉에서 마크 저커버그가 오큘러스 퀘스트(Oculus Quest)를 소개했다. (출처: 페이스북)

코로나 바이러스 사태 이후 비대면 시대를 맞이해 디지털 커뮤니케이션은 무엇보다 중요해질 것이다. 저커버그가 노리는 것은 온라인이 중심이 되고 업무 현장이 옵션이 되는 '디지털 트랜스포메이션(Digital Transformation)'으로 해석된다. 여기에는 디지털 협업 도구인 AR·VR 플랫폼이 절대적으로 필요하다. 어쩌면 코로나 바이러스가 페이스북에 새로운 기회를 열어 주고 있는지도 모른다.

04

의료기기 등과 연계된 3D 프린터의 발전

1. 의료기기의 혁신을 불러온 3D 프린터

신형 코로나 바이러스 감염증 치료법은 아직 확립되지 않았다. 바이러스가 증식하며 생기는 발열이나 기침을 완화하는 대중(對症) 요법에 한정되어 있다. 그러한 대중 요법에 쫓기는 의료 현장의 문제를 3D 프린터가 해결하고 있다.

코로나 바이러스는 저산소 혈증 등을 일으키며 인체에 손상을 주기 때문에 체내 면역 체계를 위해 인공호흡기 등 의료 기기가 필요하다. 유럽에서는 확진자가 급증하자 병상과 인공호흡기 부족 사태가 나타나고 있다.

3D프린팅미디어네트워크(https://www.3dprintingmedia.network/)에 따르면, 지난 2020년 3월 13일(현지 시각) 이탈리아 롬바르디아 주 브레시아 시 병원에서 집중 치료에 사용되는 인공호흡기 밸브가 손상되는

일이 발생했다. 병원은 인공호흡기 납품 업체에 부품 공급을 요청했지만 불행히도 재고가 없었다.

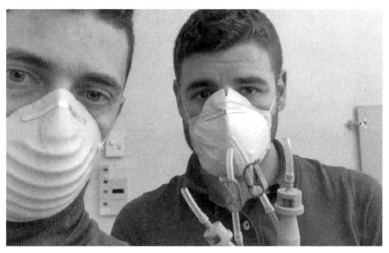

▲ 크리스티안 프라카시(왼쪽)는 깨진 밸브를 설계하고 3D 프린터로 출력했다.
(출처: 3D프린팅 미디어네트워크)

당시 해당 병원을 취재하던 이탈리아 일간지 브레시아(Giornale di Brescia)의 누시아 발리니(Nunzia Vallini) 기자가 현장을 목격하고 곧바로 밀라노의 팹랩(FabLab) 창립자이자 이탈리아 인더스트리4.0 및 3D 프린터의 보급에 노력하고 있는 마시모 템포렐리(Massimo Temporelli)에게 연락을 취했다.

템포렐리가 곧바로 브레시아 시 인근에서 3D 프린터 관련 사업을 하는 크리스티안 프라카시(Cristian Fracassi)에게 연락하자 그 역시 3D

프린터를 가지고 병원에 도착해 인공호흡기 밸브를 만들었다. 그 후에도 3D 프린터로 밸브를 계속 복제했으며, 3월 14일 기준, 10명의 환자가 3D 프린터로 제작된 밸브를 사용한 인공호흡기를 사용했다. 또한 브레시아 시 소재 가공 제조업체 로나티 스파(Lonati SpA)는 레이저를 이용한 폴리머 레이저 파우더 베드 융합 공정과 맞춤형 폴리아미드를 사용해 문제의 밸브를 대량 생산했다.

2. 영역이 무한 확장되고 있는 3D 프린터

벨기에에서는 3D 프린터 관련 사업을 전개하는 머티리얼라이즈(Materialise)가 코로나 바이러스의 대표적인 감염 경로인 출입문의 손잡이를 손으로 직접 만지지 않고 문을 여는 '핸즈프리 여닫이 장치'를 3D 프린터로 출력할 수 있는 데이터를 무료로 공개했다. 머티리얼라이즈는 "문손잡이는 집·병원·공장·양로원 등에서 가장 오염된 물체다. 더 건강한 세상을 만드는 것이 우리 회사의 사명이라고 생각하고 있다"라며, "전 세계 모든 사람을 위해 핸즈프리 여닫이 장치의 3D 프린터 데이터를 무료로 공개했다"라고 밝혔다.

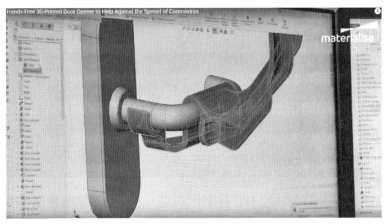

▲ 코로나 바이러스의 대표적인 감염 경로인 문손잡이를 손으로 직접 만지지 않고 문을 여는 '핸즈프리 여닫이 장치'를 3D 프린터로 출력할 수 있는 무료 데이터 공개 영상이다.

05

조기 진단 도구로 변신 중인 웨이러블 기기

1. 웨이러블, 손목시계를 넘어서

과학자들은 애플워치와 같은 웨어러블에서 수집된 데이터를 활용해 코로나 바이러스 감염 조기 진단에 이용하기 위해 연구 중이다. 최근 미국의 웨스트버지니아대학 록펠러신경과학연구소(West Virginia University Rockefeller Neuroscience Institute)와 WVU 메디슨 연구진은 스마트 반지 '오우라 링(OURA Ring)'을 이용해 코로나 바이러스 감염 증상이 나타나기 3일 앞서 감지할 수 있는 디지털 플랫폼을 만들었다.

연구진은 오우라 링을 통해 600여 명의 체온 및 심박수, 호흡수, 수면 패턴 등 생리학적 데이터를 수집한 후에 인공지능을 이용해 코로나 바이러스 감염 증상을 90% 이상 정확도로 예측했다. 이 시스템은 아직 증상을 보이지 않는 사람들을 미리 찾아내 조치할 수 있다.

연구진은 추가로 약 1만여 명 이상을 대상으로 테스트를 진행하고 있다.

(출처: OURA)

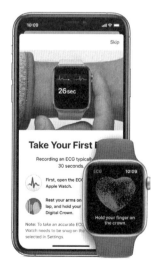

(출처: 애플)

미국 스크립스 연구소(The Scripps Research Institute, TSRI)는 웨어러블 기기로 코로나에 감염된 초기 증상과 무증상 사람들을 찾기 위한 연구에 3만 명 이상을 등록했다. 스크립스 연구진은 이미 지난 2020년 1월 웨어러블로 독감을 예측한 연구 결과를 영국 의학전문 학술지『란셋(The Lancet)』에 발표한 바 있다.

실제로 웨어러블 장치는 전염성이 있는 사람들을 식별할 수 있다. 코로나 바이러스 확진자 중 40%는 열이 없다가 열이 발생하기 4일 전부터 신체 변화(심박수)가 나타나는데, 웨어러블이 이를 정확하게 측정할 수 있기 때문이다.

(출처: fitbit)

실리콘밸리 헬스케어 스타트업 '에비데이션 헬스(Evidation Health)'는 미국 정부와 빌앤멜린다게이츠재단의 자금 지원을 받아 코로나 바이러스 감염 위험에 노출되어 있는 300명을 대상으로, 이들이 착용한 웨어러블에서 조기 경보 알고리즘을 생성하는 프로젝트를 시작했다. 이 연구는 사람들이 언제 어디서 코로나 바이러스에 접촉하는지를 효과적으로 파악하는 것을 목표로 한다. 또한 실시간으로 개입해 바이러스의 확산을 막을 수 있다.

(출처: Garmin)

2. 질병 예방을 위한 도구로서 웨어러블의 변신

코로나 바이러스 대응에 웨어러블 기기는 다양하게 활용되고 있다. 미국의 듀크대학은 코로나 바이러스 전파를 늦추는 코비덴티파이(Covidentify) 프로젝트를 시작했다. 연구진은 웨어러블 및 모바일 기기에서 얻은 데이터를 활용해 코로나 바이러스 감염 경로를 추적하는 방법을 연구하고 있다. 바이러스에 감염되기 쉬운 시기나 바이러스 감염 시 어떤 집단이 중증 환자로 분류되고 위험이 더 높은지에 대한 연구다.

하버드의대 바이오 마커 센터가 이끄는 비영리 'XResearch 연합'과 사회적 기업 키포(Kiipo)가 공동 설립한 파이시오큐(PhysioQ)는 일반 가정에서 가족의 건강 상태를 추적할 수 있도록 도와주는 무료 가정용 코로나 바이러스 모니터링 플랫폼인 NEO 프로젝트를 공개했다. 스마트워치나 액티비티 트래커 등을 활용한 플랫폼을 통해 일반 가정에서도 원격으로 산소 포화도나 심박수 등을 모니터링 할 수 있다.

NEO 프로젝트는 일반 가정에서 제공한 익명화된 데이터로 국제적 규모인 코로나 바이러스 관련 오픈 데이터베이스를 만들었다. 파이시오큐 NEO 프로젝트에는 현재 코로나 바이러스의 최전선에서 환자들을 치료하고 있는 내과 의사이자 학자인 앤드류 안 박사, 다이내미컬 바이오마커 센터(Center for Dynamical Biomarkers) 소장이자 하버드 메디컬스쿨 부교수인 펭충캉 박사 등 많은 의학 연구자들과 과학자들이 동참하고 있다.

스탠퍼드대학 연구원들은 지난 2020년 4월 스크립스와 협력해 코로나 바이러스 및 각종 감염 질병에 대한 웨어러블 기기 연구 계획을 발표했다. 웨어러블 기기가 제공하는 심장 및 호흡수, 체온, 수면 및 활동 패턴 등 데이터를 진단 도구로 사용할 계획이라고 한다.

(출처: Garmin)

애플은 스마트워치가 어떻게 심장 질환을 감지할 수 있는지에 대한 연구를 시작했다. 또한 핏빗(Fitbit)은 암, 당뇨병, 호흡기, 그리고 다른 건강 문제들에 대한 연구를 위해 500여 개 프로젝트들과 협력하고 있다.

스마트워치와 그 밖의 웨어러블은 하루에 적어도 25만 회 이상을 측정한다. 이는 스마트워치가 강력한 모니터링 장치가 되는 이유다. 이러한 웨어러블 기기들이 심박수, 피부 온도 또는 다른 생리학적 신호를 감지해 감염 질병을 사용자에게 경고할 수 있다는 뜻이다.

미국은 5명 중 1명꼴로 스마트워치나 피트니스 밴드를 사용하고 있어 언제든지 연구자들에게 유용한 핵심 데이터를 제공할 수 있는 여건이 마련되어 있다. 웨어러블 기기가 처음 나왔을 때만 해도 피트니스와 레크리에이션 사용이 주목적이었다. 하지만 지금은 매우 중요한 의학 연구에 웨어러블 기기가 어떻게 적용될 수 있는지를 잘 보여주고 있다.

5장

뉴노멀 시대,
미래를 지배할 기술

01

무인 매장의 등장

아마존 고(Amazon GO)는 아마존이 2016년 12월 미국 시애틀의 본사 건물 1층에 오픈한 무인 매장이다. 아마존 직원을 대상으로 1년 이상 시험 운영한 후에 2018년 1월 22일 정식으로 일반에 공개되었다. 아마존 고는 컴퓨터 비전, 딥러닝, 복합센서 기술이 적용된 플랫폼으로서, "그냥 나오세요(Just Walk Out Technology)"는 그 슬로건이었다.

이를 통해 미래의 상점에서는 인력이 감소될 가능성이 높아졌다. 그러나 현실적으로는 인력을 완전히 줄이는 것은 불가능하고, 또한 바람직하지도 않다. 실제로 물건을 내려서 배열하고, 악성 민원에 대응하는 등, 기계로 대체하기 어려운 일들이 여전히 많기 때문이다. 게다가 무인 상점의 자동화 기술은 단지 계산을 하는 기능뿐 아니라 운영을 위한 데이터 관리와 분석이 필수이다. 따라서 지금 당장 단순 인력 감소를 목적으로 무인 상점이 운영된다면 과거보다 손실을 볼 가능성이 높다.

그럼에도 불구하고 관련된 자동화 기술은 시간이 흐를수록 점차 인력 감소를 불러올 것이다. 그러나 다른 면에선 한국 사회의 급격한 인구 감소에 대한 대안으로 고려할 수도 있고, 새로운 산업에 대한 성장으로 생각해볼 수도 있을 것이다. 다만 문제는 아직 기본소득과 같은 복지 시스템이 준비가 안 된 현재의 상태에서는 빈익빈 부익부 현상을 가속화할 우려가 있다는 것이다.

인공지능 기반 무인 상점 솔루션은 컴퓨터 비전 기술을 활용하게 된다. 기술에 대한 세상의 변화는 막을 길이 없다. 따라서 국내에서도 이와 관련된 기술에 대한 이해, 개발, 활용 방안을 활발히 찾아야 한다. 또한 관련 기술이 도입되었을 때 건강한 사회가 이루어지려면 어떤 제도가 마련되어야 할지에 대해서도 여러 관점이 함께 논의되어야 한다.

1. 시애틀 아마존 고 무인매장 현장 리포트

현재 캐나다에서 공부 중인 김익성 책임연구원으로부터 SNS를 통해, 아마존 고의 기술을 테스트해보기 위해 시애틀의 아마존 고를 방문한다는 소식을 들었다. 우리는 서울에서 여러 가지 궁금한 부분을 묻고 정보를 공유하면서 그의 사전 계획을 들었고, 이후 그의 가족이 테스트한 결과를 전해 들었다. 시애틀에 소재한 아마존 고에서 여러 가지 흥미로운 실험을 해주신 김익성 팀장님과 가족분들께 감사드린 다. 다음은 그의 SNS 포스팅 기록이다.

인공지능 아마존 고와 우리 가족의 대결!! 〈김익성 님의 페이스북 포스팅〉

나는 차원용 박사님이 주신 아이디어를 참고해서 아들과 함께 작 전을 짰다. 그리고 다른 고객에게 피해를 전혀 주지 않으면서도 정당 한 방법으로 아마존 고를 혼란에 빠뜨려 보기로 했다. 아마존 고가 어떤 원리로 움직이는지, 빈틈은 없는지 확인해 보고 싶었기 때문이 다. 일단은 동행으로 함께 들어가는 것부터가 시작이었다. 다음은 이 해를 돕기 위해 그 후부터의 일련 과정을 나타낸 것이다.

1. 옷 갈아입기

2. 살짝 눌러서 무게를 헷갈리게 하기

3. 들었다 놨다 반복하기

진열대에 있는 물건은 집는 순간, 바로 아마존 고 앱 내 가상 카트에 추가된다. 반대로 원래 자리에 내려놓으면 카트에서 해당 물품이 삭제된다.

4. 서로 주고받기

4. 물건 서로 주고 받기

함께 온 일행이 선택한 물건도 자동으로 카트에 추가된다. 물건을 집어서 모르는 사람에게 건네주면 여전히 내 카트에 추가돼 있으니 주의해야 한다.

5. 각자 따로 들고 나가기

5. 따로 나가기

친구나 가족 등 함께 간 사람까지 입장시킬 수 있다. QR코드를 찍고 일행을 먼저 들여보내고 내가 마지막으로 찍고 들어간다. 스마트폰이 꺼져도 출입을 마친 뒤라면 구매 추적 시스템은 정상 작동한다.

2. 아마존 고 운영방식

QR코드를 찍어야 입장 가능하다

아마존 고는 완벽한 무인 매장아 아니다. 실제로 요리사가 상주해 있고, 주류를 구매하려는 고객의 신분 확인을 위한 직원이 근무하고 있으며, 물건을 채우는 직원도 근무하고 있다. 다만 쇼핑하는 고객은 계산을 위해 힘겹게 줄 설 필요 없이, 물건을 들고 나가면 자동으로 계산된다.

"No Lines, No Checkout!"이라는 슬로건은 아마존 고 매장 쇼윈도에 적혀 있는 문구로서, 첨단 기술을 도입해 기존 쇼핑 방식을 획기적으로 바꿨음을 알려준다. 아마존이 만든 '저스트 워크 아웃 기술(Just Walk Out Technology)'은 지하철 개찰구처럼 생긴 출입구에서 스마트폰을 찍고 들어간 뒤 물건을 고르고 유유히 개찰구를 통과해 나가면, 알아서 계산이 되는 방식이다.

아마존 고 매장을 이용하려면 스마트폰에 아마존 고 앱을 설치해야 한다. 그리고 앱을 실행하면 QR코드가 나타나는데, 이를 입구 개찰구에 교통카드처럼 찍고 통과한다. 기존 아마존 고객은 아이폰 및 안드로이드 사양에 제공되는 아마존 고 앱을 다운로드하고, 일반 아마존 계정으로 앱에 로그인하여 액세스하면 된다.

스마트폰 QR코드를 통해 통과

아마존 고를 이용한 고객은 물건을 들고 매장을 나서면 스마트폰으로 영수증을 전송받는다. 결재는 쇼핑이 끝난 뒤 물건을 들고 그냥 개찰구로 나가면 된다. 5분에서 15분 뒤 영수증이 스마트폰으로 전송되며 결제가 이루어지기 때문이다. 만일 잘못 청구된 물품이 있다면 해당 항목에 대해서만 환불을 요청하면 된다.

3. 아마존 고 기술

아마존은 카메라와 센서를 사용하는 것 외에는 고객의 구매를 추적하는 방법에 대해 상세히 언급하지 않고 있다. 아마존 공식 홈페이지에는 컴퓨터 비전, 융합 센서, 딥러닝이 사용된다고 간략하게 설명하고 있을 뿐이다. 그러나 매장 천장에 설치된 카메라가 사용자의 움직임을 추적한다. 또한 선반에 있는 방대한 오버 헤드 카메라와 무게 센서를 사용하여 잡화 식료품을 인식하고, 사람들이 매장에서 들고 가져가는 것을 자동으로 추적한다.

이 방식의 시스템은 출입구에서부터 로그인을 통해 고객을 인식한 다음, 매장 내 구매 과정을 추적하고, 마지막으로 매장을 나갈 때 결제함으로써 전통적인 계산대와 계산 직원이 필요 없게 만들었다.

매장 내에서 자신의 행동이 추적당한다는 개념에 대해 사람들은 어떻게 반응할까?

물론 거부감은 있을 수 있지만 사람들은 기꺼이 상점을 활용할 것이다. 현재의 무인 상점은 기본적으로 온라인에서 이미 하고 있는 추적 방식에 대한 물리적 표현이라 할 수 있다. 이 시스템은 천정의 카메라를 노출함으로써 상황 인지를 위한 복합 센서 카메라가 있다는 것을 고객에게 숨기지 않고 그대로 보여준다. 이는 일반인들에게 실제 세계에서 개인정보 보호에 대한 기준을 제시한다는 의미를 갖는다.

아마존 고는 휴대폰에서 앱으로 생성된 QR코드를 스캔할 때 열리는 게이트를 통해 상점에 들어간다. 이 시점(출입 게이트로 계정 정보가 인식된 순간)부터 출입자의 계정과 연동되고 카메라가 해당 계정 출입자의 움직임을 추적하기 시작한다.

4. 아마존 고 천정의 복합센서 카메라들

아마존의 접근 방식은 예상만큼 복잡하지 않다. 주로 천장에 장착된 수십 개의 카메라가 여러 각도에서 매장 공간을 커버한다. 이는 모션 감지, 기본 물체 식별 등과 같은 작업을 복합적으로 수행하도록 설계되었다. 복합 감지 카메라는 키넥트나 엑스박스에서 사용되는 깊이 감지 센서류를 포함하고 있다. 이 카메라가 캡처한 이미지는 중앙 처리 장치로 전송된다. 영상 분석을 통해 상점의 다른 사람과 픽업 중인 물건을 빠르고 정확하게 식별하는 작업이 진행된다. 이용자가 집어 올린 물건은 '가상 쇼핑 카트'에 추가되며 원하는 대로 쇼핑백에 넣을 수 있다. 아마존 고에서는 정보보안 측면에서 안면 인식이 사용되지 않는다.

무인 상점 기술은 센서를 통해 상점 내 모든 상황을 인지하지만, 고객은 출입구에 있는 직원에게 도움을 요청하고, 질문하고, 반품할 수 있다. 결국 무인 매장이라고 사람이 없는 것이 아니다. 실제로 매장 운영 시 완전 무인화는 가능하지 않기 때문이다. 아마존 고 기술이 셀프 계산하는 모든 작은 움직임들을 끊임없이 기록하기 위해 수백 대의 카메라를 사용하는 것은 경우에 따라서는 과잉이라고 여길 수도 있다.

기존 고객들은 예전 방식처럼 계산을 위해 줄을 서서 20~30초 기다리는 것에 대해 불만을 느끼거나 편의성이 부족하고 생각하지 않는다. 오히려 무인 매장이 필요한 경우는, 편의점 점주가 매출이 크게 나오지 않는데도 24시간 야간 인력을 두고 매장을 운영해야 하는 작은 규모의 매장일 것이다.

5. 아마존 고에 적용된 특허기술

2014년 9월 아마존이 출원(신청)한 특허(공개번호:US20150012396)에 따르면, 아마존은 계산원이나 키오스크 결제 없이 매장을 나가는 기술을 제안하고 있다. 특허는, 카메라, 센서, 무선주파수 인식(RFID) 시스템을 사용해 구매자와 그들이 선택한 물건을 식별한다. 아마존의 특허(공개번호:US20150012396)는 무인 매장 구축 기술을 다룬다. 카메라(208)는 천장과 진열대에 설치돼 사용자, 구매자의 손, 물품 이미지 등을 캡처한다. 카메라는 RGB 카메라, 뎁스 센싱 카메라가 사용된다. 사용자와 재고 관리 시스템 간 통신을 위해 프로젝터(210), 디스플레이(212), 스피커(213), 마이크로폰(214), 무선 안테나(216)와 같은 장치도 사용한다(출처: 미국 특허상표청(USPTO)).

인벤토리 관리 시스템(150)은 이용되는 컴포넌트 유형들 간의 추가 컴포넌트 및 구성도이다. 휴대용 장치(305)는 다양한 통신 경로를 통해 재고 관리 시스템(150)의 다양한 구성 요소와 통신하고 상호 작용할 수 있다. 일반적으로, 재고 관리 시스템은 입력 컴포넌트(311), 출력 컴포넌트(301) 및 컴퓨팅 자원(203)을 포함할 수 있다. 입력 컴포넌트들은 이미지 캡처 장치(308), 예를 들어, 카메라, 마이크로폰(314), 안테나(316)를 포함할 수 있다. 출력 컴포넌트(301)는 프로젝터(310), 휴대용 디바이스(306), 디스플레이(312), 안테나(316), 라디오, 스피커

(313) 또는 출력을 제공할 수 있는 임의의 다른 컴포넌트를 포함할 수 있다.

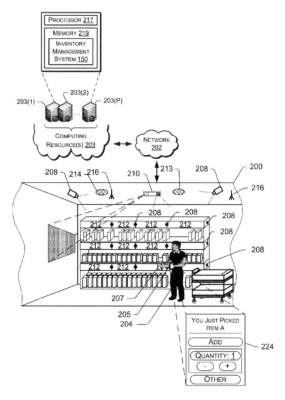

▲ 아마존 고 무인 매장 구축 기술 특허

재고 관리 시스템은 또한 컴퓨팅 자원을 포함할 수 있다 . 컴퓨팅 자원은 환경, 예를 들어 재료 취급 설비에 국지적이거나 환경으로부터 멀리 떨어져 있는 등 다양하게 구성된다. 마찬가지로 컴퓨팅 자원

은 입력 컴포넌트, 출력 컴포넌트 또는 휴대용 장치 또는 사용자(304)

와 직접 네트워크(302)를 통해 통신하도록 구성될 수 있다.

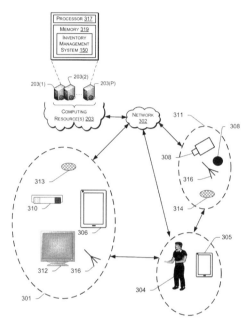

▲ 아마존 고 무임매장 동작센서 및 관리 기술 특허

　매장에서 물건을 집어서 선택하거나 물건을 두고 오는 등의 경우

에는 다음과 같은 알고리즘으로 동작을 분석한다. 이미지의 비교를

이용하여, 다음의 도표 4의 516에서와 같이 하나 이상의 아이템이 재

고 위치로부터 집어졌는지, 517에서와 같이 기존 재고들 위치에 놓

여졌는지에 대한 판단이 이루어질 수 있다. 하나 이상의 품목이 재고

위치에서 선택된 것으로 판단되면, 518의 예시적인 하위 프로세스는 재고 위치에서 품목이 선택되었다는 값을 반환한다. 품목이 재고 위치로부터 선택되지 않은 것으로 결정되면, 517에서 520과 같이 품목이 재고에 있다는 값을 보내준다. 마지막으로 품목이 변동되지 않았다면 522에서와 같이 재고 위치가 변경되지 않았다는 값을 보내준다.

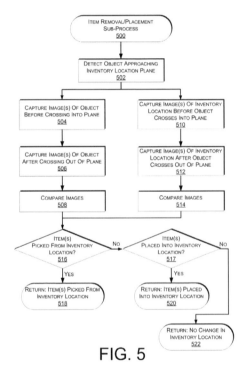

FIG. 5

▲ 아마존 고 무임매장 재고관리 기술 특허

쇼핑할 때 재고 선반의 센서는 이용자가 언제 어떤 품목을 수령하는지를 모니터링한다. 센서는 품목이 선반에 다시 놓일지의 여부를 감시하며 품목의 무게가 원래 상태에서 변경되는지 확인할 수도 있다. 이것은 사람들이 음식이나 음료를 집어 들어 매장에 있는 동안에 소비하기 시작하면 다시 물건들을 채울 수 있도록 설계되었을 가능성이 높다.

또한 선반을 보고 있는 고정 카메라는 여러 개의 껌 또는 몇 개의 과자 봉지와 같은 동일한 항목을 여러 개 촬영할지의 여부를 결정한다. 진열대에서 하나의 과자를 선택하기 위해 몇 개의 과자를 동시에 집어 올리면 카메라는 선택을 위해 과자를 몇 개 집었는지를 알게 된다. 아마존은 소비자가 얼마나 많은 품목을 가져갔는지 또는 정확히 무엇을 가져갔는지를 확인해야 한다.

한편 카메라는 구매자의 피부톤의 색까지 결정할 수 있다. 이 특허는 구매자의 손을 식별하여 실제로 진열대에서 물건을 가져왔는지의 여부를 확인하는 데 사용된다. 아마존은 소비자가 구매하는 것을 알고 피부톤 등 영상 습득 정보와 결합한다고 한다. 나아가 이러한 정보는 소비자별 시장 조사 데이터로 활용할 수도 있다. 이 특허는 아마존 고의 작동 방식을 제대로 보여 준다. 앞서 살펴본 한 가족의 실험처럼, 해당 품목에 대해 누구의 계정이 청구되는가와 매장에 함께 들어가는 두 사람이 같은 세대의 가족 구성원인지가 확인되며, 상점에서 분리되어 다른 시간에 떠나는 것도 확인된다.

6. 컴퓨터 비전과 무인화 기술 확산

아마존 고에서 목표로 하는 기술은 상황인지 기술이라고 할 수 있다. 아마존 고는 특정 공간 안에서 보여지는 인간의 행동 분석을 위한 다양한 센서와 인공지능의 결합체로서, 인간의 행동을 분석하고, 빅데이터를 통해 상황인지 기술을 획득한다고 할 수 있다. 이러한 기술이 구현하고자 하는 것은 단지 쇼핑을 위한 인프라에 국한하는 것이 아니라 인간과 협동하는 생산로봇 기술이 적용된 스마트팩토리 등 다양한 분야에서의 활용이다. 예를 들면, 요즘 가정에서도 쉽게 볼 수 있는 인공지능 스피커의 경우에 로봇으로 발전하기 위해서는 아직 넘어야 할 산이 많다. 즉, 본격적으로 가정과 산업에 인공지능이 활용되기 위해서는 컴퓨터 비전 기술을 통한 로봇기술이 필수라고 할 수 있다.

최근에는 이런 형태의 기술로 무인 매장을 테스트하는 기업들이 많아지고 있다. 중국의 클라우드픽(Cloud Pick)이라는 회사를 비롯하여 AiFi(https://www.aifi.io/)와 같은 기업들이 무인 매장 기술을 시도하고 있다. 이들 역시 컴퓨터 비전을 통해 이용자 행위를 분석하고, 이를 수집하여 유통에 대한 빅데이터를 만드는 것을 준비하고 있다. 많은 기업들이 구매 행위 데이터를 수집하는 이유는 구매 행위 분석정보에 대한 가치를 높게 평가하고 있기 때문이다. 이러한 매장분석은 판매를 촉진시키는 업종이나 프렌차이즈 매장에서 활용할 수 있다.

다음은 라이언 그로스(Ryan Gross)의 「아마존 고 동작원리(How the Amazon Go Store's AI Works)」에서 발췌한 내용이다.

"시스템은 어떤 사람이 어떤 물건을 집었는지 알기 위해 사용자와 물건을 매칭해야 한다. 여기서 카메라가 사용된다. 카메라는 구매자가 가게에 들어왔을 때, 진열대에서 물건을 꺼낼 때, 물건을 손에 쥘때 등 이용자의 움직임을 모두 찍는다. 얼굴을 인식하고 구매자의 키, 몸무게, 생체 정보, 이름, 구매 내역 등을 파악한다."

아마존 고 시스템 현실화에 있어 실제로는 머신러닝 등 개념증명 시험(POC)를 수행하는 데 3년이 걸렸고, 아마존 고 매장을 만드는 데 3년이 걸렸다고 한다. 이제부터는 이 놀라운 업적을 공유할 수 있도록 '그냥 나가세요(Just Walk Out)'에 대한 내용을 중심으로 사용자 경험을 제공하는 데 필요한 방대한 기술 혁신에 대해 심층적으로 분석해 보겠다.

7. 플랫폼 아키텍처

컴퓨터 비전 코어 기술인 '그냥 나가세요.'는 아마존 고 매장의 핵심은 매장에 있는 모든 사람의 의도를 완벽하게 추적하고, 추정하는 데 사용되는 컴퓨터 비전 기반의 기계 학습이다. 아마존은 이 기술을 구현해 놀라운 수준의 세부적인 정보를 얻는다. 모델에 대한 정확한 신경망 모델 구조를 보여주지는 않았지만, 개별 모델이 해결하는 특정 문제와 전체 솔루션을 구축하기 위해 결합하는 방법을 보여준다.

아마존 고 매장이 컴퓨터 비전 알고리즘 완성을 위해 해결해야 할 6가지 핵심요소로는 다음과 같은 것이 있다.

1. 퓨전 센서: 여러 센서 또는 카메라를 통한 비전기술을 사용하여 신호를 집계한다.

2. 교정: 각 카메라의 매장 내 위치를 매우 정확하게 파악하도록 교정한다.

3. 개인 감지: 상점에서 각 개인을 지속적으로 식별하고 추적한다.

4. 객체 인식: 각각의 객체를 항목으로 구별한다.

5. 포즈 추정: 선반 근처의 각 사람이 팔로 정확히 무엇을 하고 있는지 감지한다.

6. 활동 분석: 사람이 물건을 수령했는지 반품했는지 여부를 결정한다.

'그냥 나가세요.' 기술의 세부 아키텍처에는 다음의 구성 요소가 포함된다.

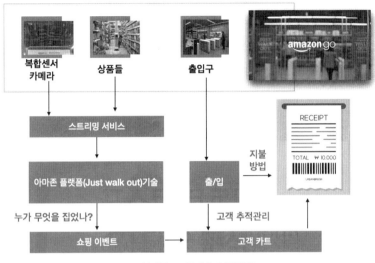

▲ 아마존 고 서비스 아키텍쳐

8. 아마존 고 식별기술

아마존 고는 누가 무엇을 가져갔는지 확인하기 위해 사람들의 위
치를 식별한다. 그러기 위해 상점에 사람들이 들어가는 순간부터 나
올 때까지의 모든 시간을 추적한다. 또한 상점의 어떤 물건이나 그림
자 등으로 사람들이 보이지 않거나 서로 매우 가까이에 있는 상태에
서도 비디오 판별 및 거리 계산 등 모든 것을 수행하는 맞춤형 카메라
를 통해 물품의 이동을 식별한다.

이 카메라들은 이미지를 픽셀로 분할한 다음에 픽셀을 형상으로

그룹화하고, 각 형상을 각각 다른 사람으로 지정한다. 마지막으로 사람들을 대상으로 여러 카메라에서 삼각 측량을 사용하여 위치 맵을 작성한다.

그리고 이 카메라들은 매장에서 고객들을 추적해 이동하면서 비디오의 여러 프레임에서 사람을 개별적으로 식별한다. 특히 두 사람이 서로 아주 가까이 있으면 '누구인지'에 대한 신뢰도가 떨어지기 쉽다. 이처럼 모호한 상태에서 아마존 고의 매장 관련 기술은 시간이 지남에 따라 신뢰도가 낮은 고객을 다시 식별할 수 있도록 별도로 표시하여 처리한다. 또한 이 카메라들은 고객과 다른 행동을 수행하는 직원도 구별할 수 있다.

① 제품 식별

이 카메라들은 제품 ID 감지를 위해 특정 품목이 진열대에 있는지도 확인한다. 또한 합성곱 신경망 계층(CNN, Convolution Neural Network)은 항목 클래스를 식별한 후, 동일한 브랜드 음료의 2가지 맛처럼 매우 유사한 항목은 정제된 제품 인식(여러 프레임에 걸쳐 추측)을 수행하는 잔류 신경망을 사용하여 제품을 식별한다. 조명과 제품 변형에 대해서는 아이템을 변경하며, 이러한 특정 과제에 대해서는 많은 훈련 데이터세트 생성을 사용하여 문제점을 해결했다.

② 고객정보 결합

아마도 아마존 고 식별기술의 가장 어려운 문제는 위의 단계에서 얻은 모든 정보를 결합하여 누가 무엇을 가져갔는가라는 질문에 최종적으로 답하는 것이 될 것이다. 천정에 달려 있는 위치추적 카메라는 위에서 아래를 찍으므로 평면적으로 보인다. 따라서 물건과 고객 사이의 팔을 나타내는 이미지 픽셀을 통해 경로를 추적해야 한다.

이처럼 위에서 내려다보는 모델은 이 문제를 해결하기에 충분하지 않기 때문에 개발팀은 비디오에서 고객에 대한 형체를 추출해서 막대사람모형(stick-figure like model)을 만들어 문제를 해결하고자 했다. 비디오에서 각 고객의 관절 모델을 만들려면 새로운 딥러닝 모델이 필

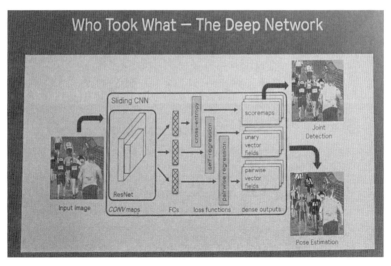

▲ 아마존 고에서 사람들 행위를 파악하기 위한 막대사람 모형
(stick-figure like model)

요했다. 교차 엔트로피 손실 함수가 있는 합성곱 신경망을 사용하여 관절 감지 포인트 클라우드, 벡터 생성을 위한 자체 회귀 및 벡터들을 그룹화했다.

③ 행위 결정

고객이 가져가지 않은 물품에 대해 청구하지 않으려면 시스템은 고객이 물품을 선반에 다시 넣을 수 있는 상황을 정확하게 고려해야 한다. 여기서 문제 중 하나는 다음의 그림에서 확인할 수 있다. 이 질문에 대한 명백한 대답으로 구매 항목을 가져 왔지만, 이것은 잘못된 것이다. 고객은 구매하려던 품목을 반납하고 다시 선반에 밀어 넣었기 때문이다. 이러한 문제를 해결하려면 시스템은 공간에 기초한 간단한 가정을 사용하는 것이 아닌 선반에 있는 모든 품목을 계산해야만 한다.

▲ 선반에서 배열 바뀜 상태를 인식할 수 있어야 한다.

④ 롱 테일(long tail)

선반에서 물건을 고를 때, 특히 여러 고객이 가까이에서 물건을 집으려고 할 때 사람들은 수많은 포즈를 취한다. 이러한 포즈 각각에 대한 모델을 학습시키기에는 레이블에 지정된 데이터가 충분하지 않을 수 있다. 이를 해결하기 위해 아마존 고는 시뮬레이션된 데이터를 사용한다. 시뮬레이터 내에서는 가상의 고객(의류, 머리카락, 체격, 신장 등), 카메라, 조명 및 그림자를 생성하고, 동일한 카메라 하드웨어를 기반으로 시뮬레이션을 한다. 이것의 장점은 다음과 같다.

1. 데이터가 생성되어 미리 주석 처리되면 시뮬레이션 데이터에 주석을 달 때 세 배가량 저렴하다.
2. 개발팀은 컴퓨팅 리소스를 확장하여 데이터를 생성할 수 있다(아마존 웹서비스(AWS) 클라우드 처리 방식).
3. 시뮬레이션을 통한 주석은 기존 사람들에게 라벨링하는 방식에 비해 여러 프레임에서 매우 일관된 정보를 확인할 수 있다.

개발팀은 시뮬레이션을 사용하여 대규모 훈련 세트를 구축하고 클라우드의 기능을 활용하여 하루에 몇 달 분량의 데이터를 훈련해서 빠른 진행을 가능하게 했다. 이는 DeepMind가 AlphaStar, OpenAI 5, Open AI 5를 훈련시키거나 자율 주행 회사에서 운전자 모델 훈련에 사용하는 기술과 매우 유사하다.

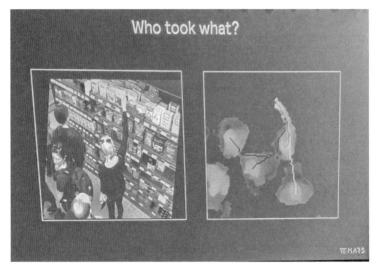

▲ 다양한 포즈를 통해 행위를 추론하는 시뮬레이션 기반 학습

⑤ 출입 감지

다음 도전은 사람들이 쇼핑 세션을 만들기 위해 상점에 들어오고 나갈 때를 감지하는 것으로, 이 시스템에는 다음과 같은 구성 요소가 있다.

1. 상점에 나타날 때 QR코드를 스캔하는 모바일 앱. 시스템은 이를 위해 UX 테스트를 하는 데 많은 시간을 할애했다(전화로 위 또는 아래로 스캔, 그룹 처리 방법 등).

2. QR코드를 스캔할 때 상점 입구 위치를 기반으로 한 연계 시스템이 영상을 출입자 계정에 연결한다.

3. 세션 생성은 연결을 기반으로 이루어진다.

시스템을 구현할 때 개발팀은 몇 가지 추가 시나리오를 해결해야 했다. 첫째, 사람들이 여러 번 스캔할 수 있으므로 항목이 없는 두 번째 스캔에서 눈 세션을 삭제해야 했다. 더 어려운 문제는 고객(특히 가족)은 그룹으로 쇼핑하기를 원하지만 지불은 한 사람만 한다는 것이다. 이를 가능케 하기 위해 주 결제자가 상점에 입장할 때마다 각 사람에 대해 동일한 코드로 스캔했다. 그러면 그룹의 모든 사람을 동일한 계정에 연결하는 세션이 생성되었고, 이 그룹의 사람들은 언제든지 상점을 떠날 수 있게 되었다. 이처럼 세션을 그룹 수준으로 옮기고 개별 쇼핑객을 '1인 그룹'으로 취급함으로써 개발팀은 이러한 도전을 극복하고 개인과 그룹이 언제든지 출입할 수 있게 했다.

이상의 내용은 라이언 그로스의 글을 토대로 작성된 것으로서, 아마존 고의 기술을 좀 더 알기 쉽게 설명해주고 있다. 이는 특히 인공지능 기반 학습을 통해 사람들의 다양한 동작을 판단할 수 있게 한다는 측면에서부터 인공지능 기반의 영상 분석과 학습용 영상 생성에 이르기까지 다양한 응용 기술을 소개하고 있다.

무인 상점을 위해서는 카메라 외에도 압력 센서, 적외선 센서, 로드 셀(무게 측정 소자), 라이트 커튼 등을 사용할 수도 있다. 적외선 센서는 구매자의 손과 재고 품목을 구별하고, 압력 센서는 물건이 원위치에서 이탈했는지를 파악한다. 물론 아마존 고 매장에 해당 특허 기술이 적용됐는지는 불분명하다. 하지만 이 글을 통해 아마존 고 매장 구축을 위해 다양한 기술적 고민이 있었음을 확인할 수 있다.

9. 새로운 일자리와 미래사회

현재 무인 점포 기술은 많은 비용이 필요하기 때문에 현실적으로 지금 당장 확산되기는 어렵다. 최근에는 비용대비 투자가 용이한 방식이 적용되고 있지만 이러한 비용은 점차 내려갈 것이다. 기술에 의해 효율화가 거듭되는 동안 기존 일자리는 일정 부분 대체될 수밖에 없다. 따라서 과도기적 시점에서 일자리 감소와 변화에 대한 깊은 고민이 필요하다.

무인 점포 등장과 함께 비록 계산원과 같은 일자리의 축소는 불가피할 것이다. 하지만 매장에서 소비패턴 분석을 통해 계절별, 연령별 손님들에 대한 분석과 판매가 잘될 만한 상품기획을 위해 데이터를 분석할 수 있다면, 많은 유통 프렌차이즈 및 상점은 관심을 가지게 될 것이다. 이를 통해 정보를 분석하고 전문적으로 매장관리를 해주는 직업이 생길 수도 있다. 또한 무인 점포에 적용되는 컴퓨터 비전은 공장 및 물류창고 협동 로봇 등 산업 전반에 확대될 수도 있다.

결론적으로는 소수의 새롭고 전문적인 일자리가 만들어지겠지만 기존의 단순한 일자리는 무수히 사라지게 될 것이다. 불가피하게 일자리가 감소하겠지만 희망적인 것도 있다. 무인화 기술이 한국 사회처럼 고령화로 인해 생산 및 활동 인구가 감소하는 사회구조를 돌파하기 위한 대안이 될 수도 있다는 것이다.

그런 면에서 미래에 대해서 긍정도 부정도 하기 어렵다. 기술 발전에 의해 새로운 직업이 생기더라도 사람들은 새로운 직종과 직업에 적응하기 위한 시간이 필요하다. 직업의 난이도가 올라감에 따라 직업 재교육 등 사회적 비용과 개인의 노력이 불가피하기 때문이다. 따라서 변화에 적응이 어려운 계층을 위한 사회 완충 시스템으로서의 사회보장제도 발전이 중요해진다.

이미 서구 사회에서는 무인화에 발맞추어 기본소득에 대한 논의를 많이 진행하는 추세이다. 분명한 것은 기술 발전이 사람들의 노동을 대체하면서 절대적 일자리와 노동시간을 줄이게 될 것이라는 점이다. 한국 사회도 기술 발전에 따른 사회제도 변화를 함께 고려해야 한다. 그동안 인간이 발명한 기술들은 지속적으로 인간의 노동을 줄여왔다. 세탁기 등 가전제품이 가사노동을 줄여왔고, 남는 시간적 여

유가 문화를 발전시켜 왔다. 기술은 인간의 삶을 여유롭게 한다. 하지만 자동화로 나타날 수 있는 불평등을 줄이기 위한 인류 사회의 공통된 인식 전환이 수반되어야 한다. 특히 우리가 4차 산업혁명이라고 부르는 기술혁명은 인간과 환경에 대한 모든 고려사항을 포함해야 한다.

지금처럼 특정 자본과 기득권만을 위한 기술혁명이 진행된다면 인류는 재앙을 맞을지도 모른다. 이와 같은 인식을 바탕으로 인간에 대한 공감과 더불어, 우주 속 지구라는 환경에서 전 인류가 공존하기 위한 기술의 진보와 변화의 노력이 필요하다.

02

온·오프라인 경계를 넘나드는
가상/증강현실(혼합현실)

인류가 '매트릭스'에 발을 담갔다. 코로나 바이러스 대유행으로 전 세계가 이동제한(lockdown)을 하고 있다. 모든 사회 구조가 대면에서 비대면으로 급속하게 이동하고 있다. 온라인과 VR/AR 등 각종 도구를 활용해 또 다른 세계와 연결되고 있다.

"네오, 너무나 현실 같은 꿈을 꾸어본 적이 있나? 만약 그 꿈에서 깨어나지 못한다면? 그럴 경우 꿈속의 세계와 현실의 세계를 어떻게 구분하겠나?"

SF영화 〈매트릭스〉(1999)에서 모피어스가 주인공 네오에게 한 말이다.

이제 매트릭스가 현실화되는 서막이 열리고 있다. 인공두뇌를 가진 컴퓨터(AI, Artificial Intelligence)가 지배하는 세계, 인간들은 가상현실과 실제 현실을 구분할 수 없다. 컴퓨터와 두뇌를 연결해 모든 정보를 주고받는 세상이다.

1. 혼합현실 세계로 안내하는 홀로렌즈

2015년 1월 마이크로소프트는 오큘러스 리프트, 삼성의 기어 VR(Gear VR)과 구글 글래스의 대항마로 3차원 '홀로렌즈(HoloLens)' 카드를 꺼냈다. 협업이 가능한 홀로그램(Hologram)을 이용할 수 있는 전용 헤드셋인 홀로렌즈는 독특한 경험 그 자체로서 증강현실(AR, Augmented Reality)과 가상현실(VR, Virtual Reality)을 하나로 묶어 시공간을 디자인할 수 있는 '혼합현실(MR, Mixed Reality)'의 세계로 우리를 안내하고 있다.

마이크로소프트의 가상현실인 홀로렌즈는 미항공우주국와 손잡고 화성의 가상 입체 탐험을 예고하고 있다. 미항공우주국과 협력해 구상한 프로젝트 사이드킥(Sidekick)은 홀로렌즈를 착용한 우주비행사가 보는 영상을 스카이프로 실시간 중계하고, 지상에서 비행사에게 실시간으로 다시 지시를 해주는 '리모트 익스퍼트 모드(Remote Expert Mode)'와 홀로그램 영상을 통해 작업 설명을 표시해주는 프로시저 모드(Procedure Mode)도 구현한다. 미항공우주국은 홀로렌즈를 통해 우주비행사와 지상의 오퍼레이터와의 연계를 넘어 화성탐사로봇 등 우주탐사에 적극 활용할 예정이라고 밝혔다.

▲ 마이크로소프트가 개발한 홀로렌즈를 활용해 볼보 자동차의 구조를 보며
가상 학습하는 모습(출처: 마이크로소프트)

작동 방법 중 하나는 시선이다. 고개를 돌리면 가상현실 물체가 그
에 따라 바뀌게 된다. 다음은 제스처로 검지손가락을 펴고 나머지는
말아 쥔 상태에서 6인치 정도 되는 거리에서 마우스를 클릭하는 모
션을 한다. 그리고 음성으로 명령한다. 고글이 오큘러스 리프트 같은
기기처럼 눈을 완전히 가리지 않고 현실과 가상현실의 결합해 마치
가상의 디스플레이로 보는 듯한 느낌을 준다. 하지만 오큘러스 리프
트의 비(非)투시(See-Closed) 형과는 완전히 다르다.

또한 홀로렌즈는 스카이프, 윈도우10의 3D 프린터 통합 도구를 활
용해 3차원 아바타 인형을 협업으로 수정해 바로 프린터로 출력할 수
있다. 케이스웨스턴 대학(Case Western Reserve Univ.)의 한 교수는 해부학

을 홀로렌즈를 활용해 수업을 하기도 했다. 그리고 홀로렌즈를 이용해 사물인터넷(IoT)과 협업하거나 홀로렌즈에 나타난 컬러를 변경하고, 장애물이 있을 경우에는 거리와 깊이를 측정해 사람이 우회하여 가는 것을 시연하기도 했다.

▲ 마이크로소프트가 개발한 홀로렌즈를 활용해 미항공우주국이
화성을 가상 입체 탐험하는 모습. (출처: 마이크로소프트)

3차원 홀로렌즈를 활용할 수 있는 분야는, 설계/디자인, 건축, 의료/수술, 교육, 고고학, 건설, 플랜트, 엔지니어링 등 무궁무진하다. 이를 위해 마이크로소프트는 이미 케이스웨스턴 대학, 클리블랜드 클리닉, 월트 디즈니, 미항공우주국, 제트추진연구소(JPL), 트림블(Trimble), 오토데스크(AutoDesk) 등 파트너사들과 함께 협업을 하고

있다.

마이크로소프트는 그동안 새로운 방법으로 게임을 즐기는 방법, 3차원 디자인 객체, 홀로렌즈를 이용한 스카이프 대화 나누기 등과 같이 실험적인 개척을 꾸준히 진행해왔다. 거기에는 상호 커뮤니케이션이 가능한 학습에서부터 홀로그래픽 데이터를 이용한 새로운 인접 영역으로의 가능성 확대 등까지 다양한 영역의 연구자들이 참여했다. 미래에는 디지털과 현실의 정교한 조합을 통해 교육, 쇼핑, 여행, 사람 및 사물 간 상호작용에서 디지털 증강 경험이 일반화될 것이다.

홀로렌즈에도 물론 단점은 있다. 너무 무겁고, 시야가 제한적이란 점이다. 하지만 현재 애플이 추진하고 있는 혼합현실 글래스처럼 안경 형태나 콘택트 렌즈로 바뀌고, 더 멀리는 현재 활발히 연구가 진행 중인 뇌·컴퓨터·인터페이스(BCI)용 뇌파를 잡아내서 전달하는 패치로 바뀔 것이다. 즉, 파스 형태의 패치만 붙이면 클라우드와 연결된 학교 콘텐츠에 접속해 다양한 멀티 체험을 할 수 있을 것이다.

혼합현실은 시공간, 즉 현실과 가상공간을 넘나드는 자연스러운 인터페이스를 통해 실제와 같은 환경에서 경험을 지원한다. 특히 공간을 디자인할 경우에 학습지역 간 협력 모델에 있어 매우 뛰어난 기술적 장점을 가지고 있다. 혼합현실의 기술적 장점은 능동적이고 실제적이며 협동을 촉진할 수 있다는 것이다. 혼합현실 환경에서 실제 조작활동은 원격 경험을 배가시키며 몰입을 유발하게 된다.

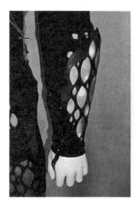

▲ 테슬라 스튜디오가 개발한 스마트 섬유로 만든 입는 형태의 VR 테슬라 슈트.
(출처: 테슬라 스튜디오)

2. 오감 컴퓨팅 원격 도구의 출현

혼합현실 속에서 차세대 인지컴퓨팅으로 우리는 학습하고 적응하고 느끼며 실제 세상을 경험할 것이다. 이처럼 컴퓨터는 이제 사람의 감각을 모방해 독특한 방식으로 보고 맡고 만지고 맛보고 들을 수 있는 인간의 오감 능력에 초점을 맞추고 있다. IBM 리서치는 2017년 거시적으로 나노 수준까지, 즉 미시세계에서 보이지 않는 것을 볼 수 있게 만드는 새로운 과학 기기(물리적 장치 또는 첨단 소프트웨어 툴)의 출현을 전망했다. 그것을 정리하면 다음과 같다.

- 인공지능(AI): 사람의 말을 분석해서 그 사람의 정신 건강 상태를 보여줌
- 하이퍼이미징(Hyperimaging)과 인공지능: 슈퍼맨과 같은 시각적 능력을 제공
- 매크로스코프(Macroscope): 지구의 복잡성을 매우 상세하게 이해할 수 있도록 도와줌
- 메디컬 랩 온어칩(Medical labs 'on a chip'): 나노 단위로 질병을 추적하는 건강 조사관의 역할 담당
- 스마트 센서: 빛의 속도로 환경오염 감지 등

    IBM 리서치가 발표한 '오감 컴퓨팅 시대'에서의 오감(五感)은, 컴퓨터를 통해 만지고 느낄 수 있는 촉각, 보이는 모든 사물들을 분석할 수 있는 시각, 인간이 듣지 못하는 소리를 들을 수 있는 청각, 인간보다 뛰어난 디지털 미각세포, 인간보다 냄새를 수십 배나 뛰어난 디지털 후각 등을 가리킨다. 특히 인간의 오감 중에서 촉각은 가장 복잡한 감각이다. 다른 감각들과 달리 촉각은 통합된 감각기를 가지고 있지 않지만, 온몸에서 얻는 촉각 정보는 인간의 인지와 행동에 깊이 연계되어 있어 오감 학습에 가장 중요하다. 이를 바탕으로 아스펙미래기술경영연구소에서 도출한 오감 컴퓨팅의 구체적인 사례를 통해 원격에서 오감을 자극할 수 있는 방법을 알아보자.

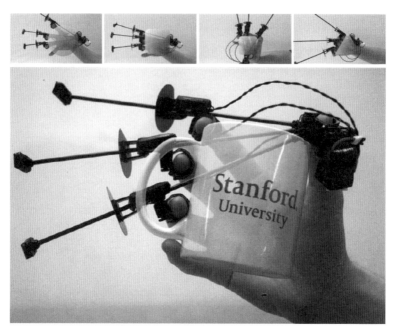

▲ 스탠퍼드대학 셰이프랩 연구팀이 개발한 웨어러블 햅틱 인터페이스 울버린
(Interface Wolverine). (출처: tanvas.co)

① 촉각(Touch): 만질 수 있다

2017년 1월 〈국제가전전시회(CES) 2017〉에서 미국 스타트업 탠바스(Tanvas)는 '탠바스 터치'라는 기술을 선보였다. 이 기술은 노스웨스턴 대학(Northwestern University)의 신경과학 및 로봇 공학 연구소에서 개발한 것으로, 사물의 질감을 손가락으로 느낄 수 있게 해준다. 향후 이 기술이 상용화된다면 시각 장애인의 물건 구매는 물론 자동차, 게임, 광고, 예술 등 다양한 영역에 활용될 것이다.

또한 울버린 촉감 장치로 VR에서 물체를 잡을 수도 있다. 스탠퍼드대학의 셰이프랩(Shape Lab) 연구팀이 개발한 이 장치는 영화 <엑스맨>(2000)에서 주인공 울버린의 강철 손톱과 흡사한 웨어러블 기기로, 엄지손가락과 세 손가락 사이에 직접 힘을 가함으로써 사용자가 가상현실에서 다양한 물체를 파악할 수 있게 해준다.

▲ 액손(Axon) VR이 개발한 웨어러블 VR 장비 액손 슈트(Axon suit).
(출처: Axon VR)

미국의 스타트업 액손(Axon)은 2016년 5월 전신 VR 장비인 '액손 슈트(Axon suit)'를 공개했다. 이 슈트는 약간 뜬 상태에서 가상현실 속 물체의 촉감을 시뮬레이트하는 스마트 햅틱 섬유로서, 가상 물체의 질감, 모양, 움직임, 진동 및 온도를 느낄 수 있다. 이를 통해 재난사고에 대처하는 방법이나 극한 스포츠를 가상에서 즐길 수 있는 간접 체험의 기회를 제공받을 수도 있다.

스코틀랜드의 스타트업 테슬라 스튜디오(Tesla Studio)가 개발한 VR 테슬라 슈트(Tesla Suit)는 스마트 섬유로 만든 입는 형태의 VR 기기로서, 거의 모든 햅틱 피드백을 제공한다. 이 슈트는 몸의 신경 52개를 자극해 바람, 통증, 뜨거움, 물 등의 느낌을 줄 수 있다. 심지어 비나 바람의 방향과 압력까지 그대로 전달해준다. 현재 가상 일인칭슈팅(FPS) 게임에 시연 중인데, 게임 중 총에 맞으면 그 느낌이 온몸에 그대로 전달된다. 슈트는 무선으로 작동하도록 설계되어 있다.

▲ 터치스크린에서 사물의 질감을 손가락으로 느낄 수 있는 탠바스 터치.
(출처: tanvas.co)

일본 기업 후지쯔도 2014년에 미끄러움과 거친 촉감까지 표현할 수 있는 햅틱 기술을 선보였다. 영화 〈매트릭스〉가 실제 우리의 눈 앞에 다가오고 있는 것이다.

또한 미국 피츠버그 소재 디즈니 리서치는 최신 알고리즘을 적용해 터치스크린 기기에 3D 터치감을 제공하는 기술을 개발했다. 텔레비전에 개구리가 나왔을 때 만지면 미끈거림을 느낄 수 있고, 가상 공간의 쇼핑몰에서 옷을 만지면 질감을 느낄 수 있다. 즉, 우리가 알고 있는 모든 사물을 디스플레이나 가상공간에서 만지고 느낄 수 있다는 얘기다. 이는 사용자의 몸에 전기 신호를 내보내 손가락 표면에서 아주 뚜렷한 촉감을 느끼게 하는 방식이다.

또 디즈니 리서치가 개발한 에어리얼(AIREAL)은 카메라가 사람의 움직임을 읽고 상황에 따라 바람을 쏘는데, 촉각 인터페이스(Tactual Interface)로 활용이 가능하다. 현재의 동작인식에 이 기술을 적용하면 바람과 같은 물리적인 느낌을 받을 수 있다.

애플도 2012년 촉각 기술 관련 특허를 출원했다. 가상 키보드에 적용해 실제 키를 누르는 듯한 촉감을 느낄 수 있게 했다. 세계적인 감각 인터페이스(Haptic Interface) 기술 개발사인 핀란드 센세그(Senseg)는 촉각을 이용해 고비 사막 이미지를 만지면 실제의 모래 느낌을 전해주고, 태블릿이나 스마트 디바이스에서 전자책을 읽을 때는 페이지 구석을 잡는 느낌까지 제공한다.

눈에 띄게 발전하고 있는 촉각 인터페이스에 주목하는 이유 중 하나는 오감을 자극해 몰입감이나 현실감을 높이는 방식 중에서 이것이 가장 직관적인 형태이기 때문이다.

② 시각(Sight): 인간이 볼 수 없는 것을 본다

인간의 눈은 가시광선(Visible Light)만 감지한다. 하지만 향후 컴퓨터는 라디오(Radio), 극초단파(Microwave), 적외선(IR), 극자외선(UV), X-선, 알파선, 감마선, 베타선까지 감지할 것이다. 그리고 인간이 감지할 수 없는 시각정보(이미지), 예술(artwork) 정보, X-선 이미지, MRI 이미지를 분석해 인간에게 제공할 것이다.

애플은 2012년 3D 카메라를 특허 등록했다. 이 기술은 얼굴인식(facial recognition)은 물론 표정이나 제스처까지 인식(facial gesturing recognition)한다. 리얼 3D 카메라는 인간의 눈에 해당하는데, 오른쪽과 왼쪽 눈이 각각 1억 5,000만 화소로 총 3억 화소이다. 두 눈 사이 거리(5~6센티미터)가 있어 시각차에 따라 사물의 거리(Distance)와 깊이(Depth)를 인지한다. 3D 카메라는 인간의 두 눈을 모방한 것으로, 보이는 모든 사물을 분석해 학습자에게 스마트 패턴을 제시할 것으로 예측된다.

▲ 애플 아이사이트(iSight). (출처: 애플)

또한 애플은 카메라에 가시광선 렌즈, 적외선 렌즈, X-선 렌즈를 융합한 아이사이트(iSight)를 개발했다. X-선으로는 인간의 뼈 구조를 감지하고, 적외선으로는 인간의 열 분포를 감지하여 이를 아이포토 (iPhoto) 앱으로 연결해 지원한다. 특히 구글, 애플, 소니, 마이크로소 프트 등은 글래스(Glass) 개발에 집중하고 있는데, 이는 사람의 시각을 증강시키는 것이다.

③ 청각(Hearing): 세상의 모든 소리를 들을 수 있다

인간의 귀는 16헤르츠~20킬로헤르츠의 소리만 감지한다. 하지만

향후 컴퓨터는 2만헤르츠 이상의 초음파나 진동까지 감지할 것이다. 컴퓨터는 자연의 소리를 패턴별로 분류하고 예측해 학습자 분석에 기초한 소리를 인지하고, 솔루션을 제시할 것이다.

▲ 이스라엘 텔아비브 대학교(TAU) 연구진들은 이집트 과일박쥐들의 대화를 머신러닝으로 분석했다. (출처: England Cotswold Wildlife Park)

〈둘리틀 박사의 바다 여행〉에 나오는 여러 동물들과 대화하는 괴짜 시골 의사 둘리틀 박사처럼, 2017년 1월 이스라엘 텔아비브 대학교의 요시 요벨(Yossi Yovel) 박사팀은 이집트 과일박쥐(Rousettus aegyptiacus)들이 내는 소리들을 분석해 '누구와 누가 말다툼을 하는지', '도대체 무슨 일로 옥신각신하는지'를 알아내고, 심지어 '말다툼의 결말이 어떻게 날 것인지'까지도 예측하는 방법을 '머신러닝 알고리즘'으로 개발했다. 동물의 의사소통을 이해하는 새 세상이 열린 것이다.

또 최근에는 쥐의 대화를 분석 및 통역하는 인공지능 기술을 개발해 화제를 모으고 있다. 워싱턴대학교 의과대학 연구팀은 쥐가 발생시키는 초음파를 탐지하고, 그 소리를 분석할 수 있는 딥러닝 기반 인공지능 딥스퀵(DeepSqueak)을 개발했다. 연구 결과는 2019년 1월 4일(현지 시각) 네이처 자매지『신경정신약리학지(Neuropsychopharmacology)』에 「DeepSqueak: a deep learning-based system for detection and analysis of ultrasonic vocalizations(딥스퀵: 초음파 발성의 탐지 및 분석을 위한 딥러닝 기반 시스템)」이라는 제목으로 게재됐다.

딥스퀵은 인공신경망을 사용해 소리를 감지한 후, 이를 초음파 이미지로 변환하는 방식을 취했다. 연구진은 이를 바탕으로 약 20가지 패턴에 달하는 쥐의 언어를 알아냈다. 이미지 분석은 자율주행 차량용으로 개발된 최첨단 머신비전 알고리즘을 활용했다.

연구팀은 "쥐들은 설탕과 같은 보상을 기대하거나 친구 쥐와 놀 때 가장 행복해 보이며, 똑같은 소리를 반복적으로 냈다"라며, "하지만 근처에 암컷 쥐를 느낄 때, 마치 사랑의 세레나데를 부르는 것처럼 소리 패턴이 복잡해졌다. 특히 암컷 쥐를 볼 수 없고 냄새를 맡을 때는 더 복잡한 소리를 냈다. 이는 암컷을 유혹할 때 단계별로 서로 다른 소리를 낸다는 의미다"라고 설명했다.

워싱턴대학 정신신경과학 부서 책임자이자 알코올·약물 남용 연구소 부소장 존 노이마이어(John Neumaier) 교수는 "최종 목표는 알코올·약물중독 금단 치료법을 개발하는 것"이라며, "과학자들이 동물 실험에서 딥스퀵을 활용해 약물이 어떻게 쾌락이나 불쾌한 감정을 유발하도록 뇌 활동을 변화시키는지를 제대로 이해할 수 있다면, 더 나은 중독 치료법을 고안해 낼 수 있을 것"이라고 말했다.

④ 미각(Taste): 디지털 미각 세포가 맛을 느낀다

디지털 미각세포를 활용하면 혼합현실에서 실제와 같은 맛을 체험할 수도 있다. IBM은 요리사들이 최고의 맛과 참신한 레시피를 창안

하는 데 사용할 수 있도록 실제로 맛을 느끼는 컴퓨터 시스템을 개발하고 있다. 이 시스템은 음식 재료들을 분자 수준으로 쪼갠 다음, 음식 구성요소의 화학적 구성을 사람이 선호하는 맛과 냄새, 즉 심리학적 요소와 결합해 새로운 맛까지 창조해낼 것으로 기대를 모으고 있다.

▲ 버튼을 누르면 포크는 혀의 소금 수용기를 자극하는 전기 신호를 전송.
(출처: Rekimoto Lab)

2016년 3월 일본 레키모토랩(Rekimoto Lab)의 나카무라 히로미(中村裕美) 박사는 오랜 연구 끝에 소금을 넣지 않아도 짠맛을 낼 수 있는 '전기 포크(Electric Fork)'를 개발했다. 혀에서 맛을 느끼는 미뢰에 전기적 자극을 줘 짠맛, 단맛, 신맛, 쓴맛, 음식의 질감 등을 느끼게 하는 제

품을 개발한 것이다. 2013년 싱가포르국립대학 연구원들도 단맛, 짠맛, 신맛을 흉내낼 수 있는 미각 자극제인 '디지털 사탕(Digital candy)'을 개발했다.

⑤ 후각(Smell): 컴퓨터가 냄새를 맡는다

인간의 후각은 1만 개의 냄새 분자를 감지하지만, 컴퓨터는 10만 개의 냄새를 맡을 수 있다. 2001년 미국의 IT 기업 노마딕스는 화약물질 냄새를 파악해 지뢰를 탐지할 수 있는 전자코(Electric Nose)를 개발했다. 미항공우주국은 우주정거장에서 장기간 거주하는 승무원들의 건강 관리를 위해 우주선 실내 공기 중 인체에 유해한 화학물질을 감지할 수 있는 전자코를 현재 사용 중이다.

2006년 영국의 맨체스터대학교 연구진도 쓰레기 매립장과 폐수 처리 시설에서 발생하는 유독가스를 원격으로 관찰하고 이상 여부를 알려줄 수 있는 전자코를 개발한 바 있다.

최근에는 사람의 호흡에서 배출되는 냄새를 통해 각종 질병 여부도 알 수 있다는 연구 결과가 발표됐다. 또한 2014년 베이퍼 커뮤니케이션스는 오미디어(oMedia)라는 플랫폼을 공개했다. 회사 측은 '향기의 아이튠'이라는 플랫폼을 이용해 전화기로 샴페인과 쿠키 향을 프랑스 파리에서 뉴욕에 있는 오폰으로 전송했다고 밝혔다.

▲ 코드화된 이메일을 통해 향기를 맡을 수 있는 향기돔. (출처: indiegogo)

　미국의 트라이센스(Trisenxx)와 영국 인터넷 제공업체인 텔리웨스트 브로드밴드는 2004년 이메일에 다양한 향기를 코드화해 상대방에게 보내면 컴퓨터나 디바이스에 플러그인 되어 있는 향기돔(Scent Dome)에서 그 향기가 혼합되어 공기 중에 뿌려지는 기술을 개발했다. 위 그림의 붉은 돔은 60개의 냄새를 생성할 수 있는 향기돔으로서, 오른쪽의 테블릿에 플러그인 되어 있다. 이메일이 오면 냄새 코드와 돔이 매칭되어 냄새를 뿜어낸다.

　이처럼 이제는 시각과 청각뿐 아니라 후각적 요소를 인터넷으로 전송해 3차원 감각으로 고객들의 감성을 자극하고, 향후에 새로운 고객가치 창출에 도전할 것이다. 이러한 가상현실이 교육에 적용되는 다양한 도구는 이미 많은 발전을 이루어 왔다. 그러나 앞으로 이러한 도구들은 교육플랫폼과 결합하면서 더욱 강력한 협업도구 역할을 하게 될 것이다.

3. 혼합현실 기술과 BCI/BMI이 연결된 미래

다양한 원격 협업 성과를 측정할 때, 인공지능은 BCI(Brain Computer Interface)/BMI(Brain Machine Interface)를 통해 보다 적극적으로 성과를 분석한다. BCI/BMI 기술은 인간의 두뇌와 컴퓨터를 직접 연결해 뇌파로 컴퓨터를 제어하는 인터페이스 기술이다.

▲ 독일 뮌헨공대(TUM) 비행시스템역학연구소 연구원들이 뇌파를 측정하는 캡을 쓰고 두뇌비행 시뮬레이션을 하고 있는 모습. (출처: TUM)

현재 BCI 기술은 여러 측면에서 제한적이고, BCI 기기를 단순하게 작동시키는 수준이다. 하지만 앞으로 BCI 기술은 첨단화될 것으로 예측된다. 지금까지 뇌파를 이용한 이 기술은 장애를 겪는 사람들을 대상으로 했지만, 앞으로는 일반인에게까지 대상 범위가 확대될 것이다. BCI 기술은 언어가 다른 사람들을 연결하고, 심지어 감각과 행동분석에까지 적용될 것이다. 특히 BBI는 '뇌-뇌 인터페이스'(Brain-Brain Interface)의 줄임말로서, 한쪽 뇌에서 발생한 정보를 다른 쪽 뇌로 전달하는 장치를 가리킨다. 이를 '아바타 프로젝트'라고도 부른다.

일종의 텔레파시 기술인 BBI 구현에 있어 가장 큰 걸림돌은 뇌에 전극을 직접 삽입하는 침습방식이다. 일론 머스크가 설립한 '뉴럴링크(Neuralink)'는 인간 뇌에 초소형 칩을 삽입해 인간의 생각을 읽고 저장하는 연구를 진행하고 있다.

최근 미국 시애틀에 있는 워싱턴대학의 신경과학자를 비롯해 심리학자, 컴퓨터 과학자들로 구성된 연구팀은 여러 사람의 뇌를 비침습으로 연결한 BBI 기술인 '브레인넷(BrainNet)을 발표했다. 연구 결과(논문명: BrainNet: A Multi-Person Brain-to-Brain Interface for Direct Collaboration Between Brains)는 국제학술지『사이언티픽 리포트(Scientific Reports)』최근 호에 실렸다.

이 연구는 문제 해결을 집단으로 할 수 있도록 3명의 뇌를 연결하는 프로젝트였다. 테트리스 게임과 같은 블록을 다른 두 블록 사이에 맞도록 방향을 정하는 것으로, 발신자 역할을 하는 두 사람은 블록이 들어갈 위치를 보고 수신자 역할의 세 번째 사람에게 지시를 보냈다.

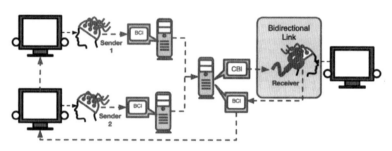

▲ BrainNet 아키텍처. (출처: Scientific Reports)

발신자 두 사람에게는 뇌 활동을 기록하는 뇌파(EEG) 장치를 장착한 뒤에 컴퓨터 인터페이스를 통해 수신자에게 전송됐다. 즉 두 사람이 세 번째 사람에게 과제를 해결할 수 있도록 돕는 실험이었다.

발신자들은 화면의 고주파수 빛에 시선을 집중시켜 회전하라는 지시를 나타내거나 저주파수 빛에 집중해 회전하지 않도록 신호를 보냈다. 컴퓨터 인터페이스는 이 신호를 자기 펄스로 변환해 초전도자기자극(TMCS, Transcranial Magnetic stimulation) 장치를 통해 수신기로 전달했다. 펄스로 인해 수신하는 사람은 시야에서 빛의 섬광을 볼 수 있었다. 이는 블록을 회전해야 한다는 신호였다. 브레인넷 네트워크를 통해 5개 그룹을 여러 차례 실험한 결과, 과제를 완료하는 데 평균

81% 정확도를 달성했다.

이후 진행된 실험에서는 발신자가 보내는 신호에 잡음을 더해 난이도를 높였다. 그러자 수신자는 발신자의 지시로 모호한 신호를 구별하는 법을 배웠다. 이는 전통적인 소셜 네트워크의 일부 특징을 모방한 것이었다.

이전의 다른 연구소들은 쥐와 영장류의 뇌를 네트워크로 연결했고, 또 다른 연구소는 3마리 영장류를 이식된 뇌-컴퓨터 인터페이스를 통해 컴퓨터와 연결하기도 했다. 이 연구들은 모두 자기 생각만으로 표적에 있는 커서를 동시에 움직이는 실험이었다. 하지만 이번에는 서로 연결하지 않고 오히려 병렬로 처리를 수행했다.

현재 인간에 대한 연구 실험은 어느 정도 제한이 있어서 이진법의 '예' 또는 '아니오' 명령을 수행할 때만 가능하다. 하지만 현재 기능성 자기공명영상(fMRI)을 이용해 더욱 정교한 메시지를 보내거나 자기장으로 뇌 특정 부위를 자극해 신경세포를 활성화시키는 비침습 경두개 자극은 가능하다.

BBI 연구의 최종 목적지는 인류 전체 생각을 주고받는 뇌 소셜 네트워크다. 언젠가는 우리 자신의 생각에 접근할 수 있는 기술에 대한 논쟁이 오늘날 온라인 프라이버시 논쟁처럼 사회 문제로 대두될 것이다.

4. 개인정보 축적과 정보보호

원격 사회에서는 많은 정보가 데이터로 쌓일 것이다. 문제는 '인공지능이 수많은 개인 데이터(Knowledge, 지식)를 어떻게 관리하느냐'이다. 미래 사회에서는 지식을 잃어버리는 것은 모든 것을 잃어버린 것과 같다.

이와 관련한 상황을 애플의 클라우드(Cloud)/빅데이터(Big Data) 전략 중 하나인 '안전저장지식박스(Safe Deposit Box)'를 통해 알아보자. 애플은 2011년에 '파일관리 안전저장지식박스(File Management Safe Deposit Box)'라는 특허를 등록했다. 그 핵심은 '클라우드 베이스의 안전저장지식박스매니저(A Cloud Based Safe Deposit Box Manager)'였다. 이는 은행의 물리적인 안전저장박스처럼 가치 있는 디지털 지식을 안전하게 저장 보호하는 것을 말한다.

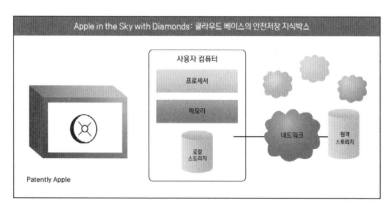

(출처: Apples Patent(20110040980), 2011.2.17. by patentlyapple.com via USPTO)

하지만 아이클라우드(iCloud)의 안전저장지식박스에 저장했다고 해서 분실될 가능성이 전혀 없는 것은 아니다. 그래서 이 프로그램은 자동적으로 오리지널 파일 2~3개를 동시에 복사해 사용자의 컴퓨터나 아이클라우드 원격 스토리지에 저장하도록 한다.

클라우드 기반의 안전저장지식박스 서비스는 보안이 무엇보다 중요하다. 애플은 이를 위해 4단계의 안전엔진 기술을 적용할 예정인데, 암호 엔진(Encryption Engine), 카피 엔진(Copy Engine), 재확인 엔진(Verification Engine), 허용 엔진(Permission Engine)이 그것이다.

이는 다른 클라우드 서비스가 ID와 PW로만 인증하는 것과 비교하면 보안이 대폭 강화된 것이다. 특히 카피 엔진에는 생체인식 인증이 들어간다. 재확인 엔진에서는 사용자가 세 가지 질문을 선택하는데, '아버지가 얼마죠?'를 선택하면 소수점 둘째자리까지 입력해야 한다. 여기에 타임아웃 모니터(Timeout Monitor)까지 적용해 4단계를 거치는데, 필요한 시간을 본인이 설정하도록 할 계획이다. 만약 해커나 도둑이 박스에 들어 있는 보물(지식)을 훔칠 때 시간이 초과하면 '꽝' 소리와 함께 박스가 닫히고 자동으로 보안팀에 연락되게 할 것이라고 특허에는 적고 있다.

이 안전저장지식박스가 서비스되면 어떤 일이 벌어질까? 실제로 애플은 다음과 같이 예측하고 있다. 즉, '아이클라우드 안전지식저장박스는 미래에 돈이 모이는 곳이라고 산업들은 생각하고 있다(iCloud

based Safe Deposit Box is where the industry thinks the money is heading in the future)'라
는 것이다. 여기서 산업(Industry)라고 말한 것에 주목할 필요가 있다.
이는 산업체가 아이클라우드 베이스의 안전지식저장박스를 이용한
다는 가정으로서, 실제로 비즈니스가 어떻게 창출될지 예측 가능한
시나리오로는 다음과 같은 것이 있다.

시나리오 #1 (미국의 2,000여 개 방송사들의 시나리오)

미국에는 2,000여 개의 방송사들이 존재한다. 이들은 셀 수 없을
정도로 많이 출시되는 음반, 영화, 동영상, 스포츠, 대담 쇼 등의 안전
한 저장을 위해 많은 비용을 들여 랙 시스템(Rack System)과 로봇 시스
템(Robot System)을 구축하고 있다. 향후에 이를 대체할 수 있는 혁신적
인 비즈니스 모델이 제시되지 않는 한, 그 비용은 천문학적인 규모일
것으로 추측된다. 따라서 각 방송사들은 비용절감 측면에서 이 문제
를 해결하고자 할 것이다. 바로 이를 공략하려는 것이 애플의 전략으
로 보인다.

애플은 현재 미국의 디지털 음원 시장의 90% 석권하고 있고, 미국,
유럽, 한국 등에서 음원을 사들이고 있다. 따라서 각 방송사들은 그
간 획득하거나 구입한 음원을 애플의 아이클라우드 베이스의 안전
지식저장박스에 안전하게 저장한 후, 에플의 아이클라우드 베이스의
라디오 방송 시스템(iCloud Based Radio Broadcast System)을 활용한 개인별

맞춤식 방송을 구현할 것으로 보인다.

시나리오 #2 (중소벤처기업의 특허 관리 시나리오)

중소벤처기업의 경우에는 특허나 기술 자료(특허를 받지 않았다면)를 효과적으로 보호해야 한다. 예들 들어 우리나라의 경우에는 2008년부터 이를 보호하기 위해 중소기업청과 대중소기업협력재단에서 '기술자료 임치제도(기술임치제도 또는 기술보험)'를 운영하고 있다. 향후 정부와 협력하고 상생하는 것이 전 세계적인 추세라고 가정한다면, 이같은 기술임치제도는 아이클라우드 베이스의 안전지식저장박스로 이동할 가능성이 매우 높다. 또는 애플이 아예 이러한 제도를 만들어 중소벤처기업을 공략한다면 안전지식저장박스를 이용한 새로운 비즈니스 모델을 창출할 것으로 보인다.

시나리오 #3 (금융권의 시나리오)

최근 우리나라 은행들은 북한에 의해 정보가 해킹당하는 것에서 큰 교훈을 얻었을 것이다. 바로 이러한 경우에 향후 애플이 추진하고 있는 안전지식저장박스를 효과적으로 활용한다면, 현재 소비자들에게 신뢰가 추락된 부분을 만회할 수 있을 것이다. 분명 애플은 이러한 전 세계적인 사건을 추적하고 예측하여 향후에 비즈니스로 연결할 것이다. 따라서 사건이 일어나면 어떻게 사건을 수습하고 해결할 것인지, 즉 사건이 고객의 니즈라는 점을 곧바로 인식해야 한다.

5. 미래를 준비하기 위해 어떤 길을 갈 것인가?

미래기술을 활용한 학습을 위해 대한민국이 준비할 것들은 너무나 많다. 먼저 관련 기초과학 기술 개발을 위해 성과 중심의 단기 계획이 아닌 중장기 로드맵을 잡아야 한다. 또한 기초기술이든 응용기술이든 간에 각각의 기술핵심 인재를 양성하고 역량을 길러야 할 것이다.

국내 인공지능 분야의 경우에는 30년 전부터 연구를 해왔다고 말하는 전문가들만 있을 뿐이다. 즉, 실증할 만한 결과가 없어 전문가다운 전문가가 없다고 할 수 있다. 정부의 국책 연구기관이나 국내 IT 기업들이 앞다퉈 내놓는 일부 인공지능 기술은 세계 시장에 진입할 수준도 되지 않는다. 현재 인공지능을 개발하기 위해서는 데이터가 중요한데 DBMS 구축도 전혀 이루어지지 않고 있다.

사물인터넷 역시 핵심 기술에서 센싱이 매우 중요하지만 원천기술의 대부분은 일본이 장악하고 있다. 특히 사물에 청각, 미각, 후각, 촉각, 시각 등 환경 변화를 측정하고 분석하여 유효한 스마트 데이터로 전환시킬 데이터 과학자, 즉 빅데이터 전문가도 찾아보기 힘들다. 가상현실과 증강현실을 포함한 혼합현실의 경우도 마찬가지다. HW/SW 능력이 거의 전무하다. 미래의 학습에서 중요한 콘텐츠 제작 능력도 글로벌 기업에 비해 현저히 떨어진다. 이 모든 사항의 공통분모는 소프트웨어 능력인데, 그 개발 능력은 어디에 견줄 수 없을 정도로 낮은 수준이다.

구글, 페이스북, 애플, 마이크로소프트 등의 신경망 인공지능 기술은 텍스트와 이미지, 동영상 분석은 물론, 전 세계의 언어를 통번역할 수 있는 수준에 이르고 있다. 특히 인공지능 의사 왓슨으로 유명한 IBM은 '체화된 인지심리'에 기반한 인공지능 알고리즘을 개발하고 있을 정도다. 인공지능 기술 중 문자(Text) 형식의 인간 언어와 감성을 컴퓨터가 이해하고, 학습·추론하는 맥락 분석 기술인 자연어 처리(Natural Language Processing), 텍스트 마이닝(Text Mining), 패턴 인식, 상황 인지(Context-Awareness) 등의 기술이 여기에 포함된다.

원격 교육도 마찬가지다. 미네르바대학의 학습모형이 뛰어나다는 것은 이미 정평이 나 있다. '액티브 러닝 포럼(Active Learning Forum)'이라 불리는 온라인 화상교육 영상분석 시스템이 가장 핵심적인 역량이다. 이 시스템은 비디오 채팅 중 시선이나 표정 등을 분석해 화면에 띄우면 교수뿐 아니라 채팅에 참여하는 학생들에게도 표시된다. 또한 음성인식 시스템은 학생 한 사람 한 사람의 발언 빈도를 다른 색으로 표시해준다. 이를 기반으로 교수는 해당 학생을 대상으로 맞춤형

토론을 진행한다.

이 표정 분석 시스템은 애플에서 독보적 기술을 확보하고 있다. 애플이 인수한 얼굴표정 인식 기술개발 업체 '이모션트(Emotient)'는 사용자들이 참여할 수 있는 '크라우드 소싱'으로 최대 10만 가지 표정을 수집한 후 분석해 특허까지 보유하고 있다. 이 기술은 1970년대에 범죄심리학 분야의 세계적 석학인 전 캘리포니아 의과대학 폴 에크만(Paul Ekman) 교수가 발표한 5,000여 개의 안면 근육 움직임과 표정, 몸짓, 목소리 같은 미세한 행동 패턴을 통해 거짓말을 알아내고 상대방이 어떤 감정 상태인지를 잡아낼 수 있다는 자료를 근거로 알고리즘을 개발했다. 이 기술은 어두운 조명, 저사양의 웹캠, 안경이나 수염 등으로 가려진 얼굴 등 열악한 환경에서도 표정을 잡아낼 수 있을 뿐만 아니라, 1080p 해상도의 영상 안에서 최대 100명까지 얼굴을 정확히 인식할 수 있다. 기술이 사람의 감정을 읽을 수 있는 것이다.

03

증강현실 극대화 전략, 5G

1. 3D 기술 구현이 미래를 결정한다

온라인 쇼핑 업계의 가장 큰 리스크 중 하나는 반품이다. 소비자가 수령한 상품이 생각했던 것과 다르기 때문이다. 하지만 앞으로 2~3년 내에 모든 스마트폰이나 PC 또는 TV에서 상품을 3차원으로 보고 만지고 느끼며 구매할 수 있는 기술이 등장할 것이다. 따라서 그만큼 반품이 적어질 뿐만 아니라 소비자 구매 만족도가 올라간다는 얘기다. 상상만 해도 즐겁고 놀랍지 않은가.

어디 쇼핑뿐이겠는가. 이러한 3차원 기술이 실현된다면 지금과는 비교가 안 될 신세계가 열릴 것이다.

그동안 IT 기업들은 세상을 3D로 스캔하기 위해 부단한 노력을 해왔다. 구글, 페이스북, 마이크로소프트, 애플 등과 많은 기업들이 이 같은 기술을 개발 중에 있다. 이제 그 결실이 눈앞에 다가오고 있다.

그렇다면 이들 기업이 3D 기술을 구현하기 위해 끊임없이 도전하는 이유는 뭘까. 우리가 사는 세상이 3차원이기 때문이다. 하지만 우리가 사용하고 있는 모든 기기의 디스플레이는 2차원이다. 결국 3차원으로 갈 수밖에 없다. 이 기술은 어떻게 하면 인간을 가장 게을러지게 만드는가에 초점이 맞춰져 있다. 즉, 진정한 디지털 트윈 세상이 실현되는 것이다

한편, IT 업계에서는 스마트폰 다음의 게임 체인저(Game Changer)로 폴더블 폰이나 AR/VR 기기, 자율차 등을 내세우고 있다. 하지만 3D 플랫폼 구축에 나서고 있는 기업의 움직임을 분명하게 살펴봐야 한다. 2020년 8월 기준, 미국 주식시장의 시가총액 1, 2위를 다투고 있는 애플과 마이크로소프트의 3D 플랫폼 전략을 살펴보자.

(출처: 마이크로소프트)

2. MS의 홀로그램 인터넷과 공간 컴퓨팅

3D 플랫폼 구축에 가장 먼저 도전장을 내민 것은 마이크로소프트다. 마이크로소프트는 〈MWC 2019〉에서 극강의 증강현실(Augmented Reality, AR)을 구현하는 2세대 MR 헤드셋 웨어러블인 홀로렌즈 2(HoloLens 2)를 공개했다. 이날 홀로렌즈 개발을 주도한 알렉스 키프만은 애플 AR키트(AR Kit)과 구글 AR코어(AR Core)를 포함한 모든 XR 툴과 3차원 이미지를 공유하는 SA(Spacial Anchors)를 발표했다. 이는 '홀로그램 인터넷(Hologram internet)'으로 불리는 전략으로서, 클라우드 서비스 애저(Azure)와 긴밀하게 통합해 '공간 컴퓨팅'을 주도하겠다는 의미이다.

마이크로소프트 AR은 클라우드를 구성하며 '홀로그램 인터넷'이라고 불린다. 즉, 기업용 공간에 3차원 이미지를 저장하고 컴퓨팅은 클라우드와 엣지로 분산시킨다. 키프만은 "홀로렌즈2와 애저의 통합은 홀로그램의 인터넷 탄생을 가능하게 할 것"이라며 "홀로그램은 다른 장치 및 폼팩터를 통해 다른 사람들과 공유될 수 있는 세상으로, 모든 장치가 연결된 복합 현실로의 렌즈가 되는 세계다"라고 강조했다.

애저와의 더 깊은 통합 전략은 장치 사양에서 매직립 원(Magic Leap One)과 비슷할 수 있다. 하지만 마이크로소프트는 엔터프라이즈 기반 및 클라우드 적용 범위에서 절대적인 우위를 점하고 있다. 매직립의 AR 클라우드 매직버스(Magicverse)와 마이크로소프트의 엔터프라이즈 AR 클라우드(홀로그램 인터넷) 모두 차별화 요소는 장치보다 각각의 AR 클라우드가 될 것이다.

또한 매직립과 애플은 결국 더 큰 소비자 시장을 추구하고 있지만, 마이크로소프트는 개발한 하드웨어 칩 자체가 기업을 타깃으로 하고 있다. 보안과 각 기업의 특정 기능을 제공하는 자사의 DNA가 기업용 소프트웨어 및 컴퓨팅과 매우 밀접한 관계에 있다는 것이 특징이다.

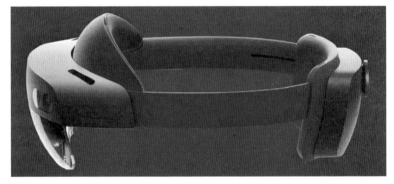

▲ 홀로렌즈2. (출처: 마이크로소프트)

나아가 마이크로소프트는 클라이언트와 클라우드 서비스를 함께 사용해 가상으로 존재하는 3D 세계인 공간 컴퓨팅(Spatial Computing)에 대한 많은 길을 모색하고 있다. 마이크로소프트는 하드웨어(Hololens), OS(Windows), 응용 프로그램 계층(WMR), 자사 응용 프로그램(원격지원,

레이아웃, 안내서) 및 엔터프라이즈 클라우드(Azure)를 보유해 수직적으로 통합되어 있다. 마이크로소프트로서는 매우 강력한 스택(Stack)이다. 스택은 일종의 바닥이 막힌 상자로서, 나중에 넣은 물건이 위에 있기 때문에 먼저 꺼낼 수밖에 없다.

동시에 마이크로소프트는 WMR 소프트웨어를 윈도우 기반 PC와 유사하게 타사 AR/VR 하드웨어 제조업체로부터 라이선스를 확보하는 전통적인 모델을 추구하고 있다. 수직 통합의 품질관리 및 제품 디자인이 빠져 있지만 마진과 규모 면에서 경쟁력이 있다. 이렇게 되면 마이크로소프트는 기술 스택을 보유하고 엔터프라이즈 AR 시장 침투를 가속화해 AR/VR에서 높은 소프트웨어 라이센스 수익을 누릴 수 있다. 이것이 마이크로소프트가 공간 컴퓨팅 스펙트럼을 추구하는 기술 대기업들 사이에서 매우 유리한 위치에 놓일 수밖에 없는 이유이다.

3. 코로나 블루와 AR/VR 한계 돌파 기술

코로나 블루(Corona Blue)로 인해 많은 사람들이 우울, 불안감, 외로움, 고립감 등을 호소하고 있다. 이를 해결하기 위한 방법으로 언택트(Untact)가 등장했고, 대리체험과 타인과 공감을 할 수 있는 온택트

(Ontact, Online+Contact)가 등장했다. 또한 함께 사는 가족과 가까운 친구 등 소수 친밀한 관계에 집중하는 경향인 딥택트(Deeptact, Deep+Contact)가 가시화되었다. 가이드라이브(GuideLive)에 의한 여행 체험인 '랜선투어'를 비롯해 스마트폰과 AI를 활용한 홈트레이닝인 '스마트 홈트'와 '라이크핏(LikeFit)', 콘서트를 실내에서 VR로 구현하는 '어메이즈 VR(Amaze VR)', 1:1 무작위 연결 영상 메신저인 '아자르라이브(Azarlive)', 친구들과 온라인으로 드라마나 영화를 보면서 채팅하는 '네플릭스파티(Netflixparty)', 최대 8명이 즐길 수 있는 그룹 영상통화 '하우스파티(Houseparty)', 50명이 화상통화가 가능한 페이스북의 '메신저룸스(Messenger Rooms)' 등이 그것이다.

또한 재택, 원격, 화상회의 솔루션도 각광을 받고 있다. 줌(Zoom), 구글의 미트(Google's Meet), 마이크로소프트의 팀스(MS's Teams), 페이스북의 메신저룸스(Messenger Rooms), 애플의 페이스타임(Facetime), 시스코의 위벡스(Webex), 아마존의 차임(Chime), 슬랫(Slack) 등이다.

하지만 현재 AR/VR 및 온라인 비대면 방식에는 한계가 많다. 쉽게 피곤함을 느끼고 어지럽고 집중력이 떨어진다. 현재 AR/VR 및 스마트 기기 디스플레이는 모두 2K다. 적어도 4K이상은 구현되어야 한다. 시야각 역시 상하 70도, 좌우 100도 정도다. 하지만 우리 눈은 상하 120도, 좌우 160도다. 따라서 우리가 보는 눈을 따라오지 못하고 중앙에 집중하기 때문에 피로가 느껴지고 어지럽고 구토가 일어난다.

무게 역시 300g인데 100g 이하로 줄여야 한다. 참고로 사람의 뇌 무게는 1,300g이다. 디스플레이도 씨스루(See-Through)를 활용한 투명한 디스플레이가 되어야 한다. 현재 HMD는 90% 이상이 씨클로즈(See-Closed) 방식이다.

체험 형태도 현재는 시각 중심이다. 앞으로 이는 오감 융합과 자극, 공감의 영역으로 확대되어야 한다. 사람은 오감으로 인식하고, 공감과 육감으로 느끼기 때문이다. 따라서 현재는 보고 있는 것과 뇌에서 판단하는 것의 차이로 인지 부조화/인체 부조화가 일어난다. 이를테면 긴 터널을 운전할 때 운전자가 수평선 중앙에만 집중하다 보면 주변을 느끼지 못해 피로감과 어지러움 멀미가 일어난다. 이를 터널링 효과(tunneling effect) 또는 박스 효과(Box effect)라고 하는데, 마치 우물 안에 들어가 있으면 하늘만 보이는 것과 같은 이치다.

결국 보이는 것과 움직임에 차이가 발생하면 뇌가 혼란을 일으키며 모션 시크니스(Motion Sickness, 멀미)가 일어나기 때문에 30분 이상 3D 콘텐츠를 볼 수 없다. 궁극적으로는 이러한 HMD 하드웨어를 개선하고, 특히 3D OS 기반 3D 아바타(Avatar)+3D AR/VR로 가야만 사용자가 가상현실의 주체로 참여할 수 있어 비대면 비즈니스가 지속 가능하다.

기술내용	As Is	To Be	핵심기술	비고
해상도	2k	4k 이상	고해상 패널, 고속영상처리	스마트폰도 현재는 2k
시야각	70도 (상하) 100도 (좌우)	120도 (상하) – 160도 (좌우)	렌즈 /주변영역 처리 등 광학계	수평선 중앙에만 집중, 피로, 어지러움, 구토
무게	300 그램	100 그램 이하	See—Through 디스플레이	인간 뇌의 무게 =1,300 그램, 지금의 HMD는 거의 90% 이상이 See—Closed
체험형태	시각 – 청각 중심	오감 융합/ 자극/공감	증강 –가상 촉/후/미각 생성	인간은 오감으로 인식 + 공감 + 육감
인지부조화 인체부조화	어지럼증, 구토	부조화 해소	고속 및 고감도 트레킹 센서	Tunnel Effect or Box Effect = Motion Sickness, 피로, 어지러움 → 30 분 이상 볼 수 없음

출처: 차원용, 3D OS/App/Browser 베이스의 3D ARVR 등장 예고 (19.10.14), 한국정보화진흥원

04

애플의 3D OS

1. 3D OS 출시가 예측되는 애플

또 하나의 변수는 애플이다. 애플의 3D 관련 기술 특허를 분석한 결과, 앞으로 2~3년 이내에 3D OS를 출시할 것으로 예측된다. 이는 다양한 콘텐츠와 서비스(Mac, TV, 전기차(EV)/자율차(AV) 등) 중심의 3D UI/UX의 AR/VR로 확대 출시될 것으로 분석된다.

최근 아스팩미래기술경연구소(대표 소장 차원용)가 발간한 〈애플의 3D 전략 특허 분석〉 보고서에 따르면, "애플이 2013년 11월 17일에 3억 4,500만 달러에 인수한 이스라엘 기업 프라임센스(PrimeSense)의 특허를 분석한 결과, 앞으로 3년 이내에 애플은 뉴럴 엔진·AI Chip 베이스의 트루뎁스 카메라 기술과 도트 프로젝트 기술을 활용해 3D 애니모지(Animoji)와 나만의 미모지(Memoji)를 최종 3D 아바타/모델로 업그레이드하여 출시할 것으로 예측된다"라고 밝혔다. 그러면서 "애플의 3D 아바타(Avatar)/모델(Model)과 3D UI/UX의 AR/VR이 3년 내에 출시되려면 기본적으로 OS는 3D OS가 되어야 한다"라며 "기존 2D의 맥(Mac) OS/iOS가 3D GUI의 OS/App/Safari로 업그레이드될 것"이라고 보고서는 예측했다. 애플은 실제로 이미 아이폰 5S부터 3D 같은(2.5D) 사파리가 탑재되어 있다.

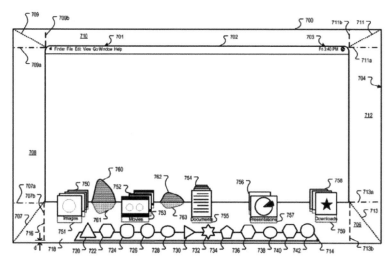

▲ 애플 특허의 Fig.7(8,381,122, 8,473,859, 8,745,535). (출처: USPTO)

또한 이 보고서는 "애플의 3D OS/App의 기술 개발은 2007년으로 거슬러 올라간다"라며 "특허 분석 결과 5개의 특허로 구성됐다"라고 설명했다. 5개의 특허를 살펴보면, '다차원 데스크톱(Multi-dimensional

desktop)', '멀티-차원 앱 환경(Multi-dimensional application environment)', '시각
화 및 상호작용 모델(Visualization and interaction models)', '다차원 사용자 인
터페이스 환경에서의 빛과 반사 그림자 (Reflections in a multidimensional user
interface environment)', '3D OS와 장면/객체 전환 엔진과 전환 효과(Object
transitions)' 등이다.

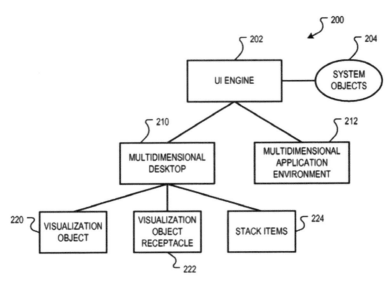

▲ 애플 특허의 Fig.2(8,381,122, 8,473,859, 8,745,535). (출처: USPTO)

애플은 2007년 6월 8일에 '다차원 데스크톱(Multi-dimensional desk-
top)'이란 특허를 출원하고(11/760,595), 2008년 12월 11일에 출원서
를 공개하였으며(20080307360), 2014년 6월 3일에 특허를 획득했다

(8,745,535). 이는 매킨토시(Macintosh) 사양으로 여러 가지 형태의 GUI 기반 다차원 데스크톱 환경을 구축하는 것을 기술한 것이다. 화면도 Back Surface(메인 화면), 전체 이미지가 디스플레이 되는 Viewing Surface, 상하좌우 측면을 화면으로 이용하는 Side Surfaces가 등장한다. 이곳 화면에 디스플레이되는 이미지, 폴더, 앱, 영화, 서류 등을 아이콘으로 이미지화하여 GUI를 이용해 다양한 3차원 환경을 구축하는 예를 기술하고 있는 25개의 청구항과 그림만 31장인 총 54페이지에 달하는 특허이다.

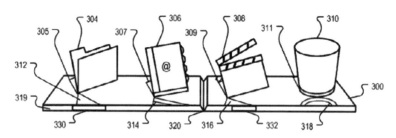

▲ 애플 특허의 Fig.3(8,381,122, 8,473,859, 8,745,535). (출처: USPTO)

애플은 또한 2007년 6월 8일에 '멀티-차원 앱 환경(Multi-dimensional application environment)'이란 특허를 출원하고(11/760,706), 2008년 12월 11일에 출원서를 공개했으며(20080307351), 2013년 2월 19일에 특허를 획득했다(8,381,122). 이는 특별히 하나 이상의 앱을 (1)번의 '다차원 데스크톱' 환경에 띄워 실행하고 제어하는 기술로서, 그림은 (1)번의 '다차원 데스크톱'의 31장과 똑같으며, 모두 16개의 청구항들로 구성된 총 53페이지에 달하는 특허이다.

아울러 2007년 6월 8일에는 '시각화 및 상호작용 모델(Visualization and interaction models)'이란 특허를 출원하고(1/760,675), 2008년 12월 11일에 출원서를 공개했으며(20080307334), 2013년 6월 25일에 특허를 획득했다(8,473,859). 그림이 모두 31장인데 (1)번의 '다차원 데스크톱'의 그림 31장과 똑같으며, 18개의 청구항을 포함해서 총 55페이지에 달하는 특허로서, 특히 시각화 모델(Visualization model) 혹은 GUI에 의한 상호작용 모델(Interaction model)에 의한 시각화 표현(Visual presentation)을 다루고 있다.

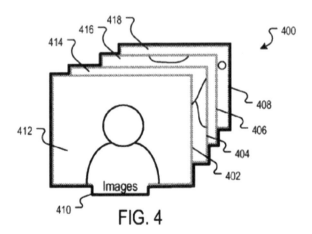

▲ 애플 특허의 Fig.4(8,381,122, 8,473,859, 8,745,535). (출처: USPTO)

예를 들어 사용자가 첫 번째 모델인 3차원 아이콘 이미지 스택 (Stacks)을 GUI(응시 포함)로 선택하면 스택 요소들이 순서대로 나타나 오버래핑되면서 위로 올라가는 두 번째 모델로 전환된다. 그리고 만약 사용자가 커서를 중지하거나 응시를 중지하면 선택취소(Deselection)로 간주되어 스택들은 붕괴되어 제자리(첫 번째 모델)로 돌아가게 된다.

2007년 6월 8일에는 '다차원 사용자 인터페이스 환경에서의 빛과 반사 그림자 (Reflections in a multidimensional user interface environment)'란 특허를 출원하고(11/760,703), 2008년 12월 11일에 출원서를 공개했으며

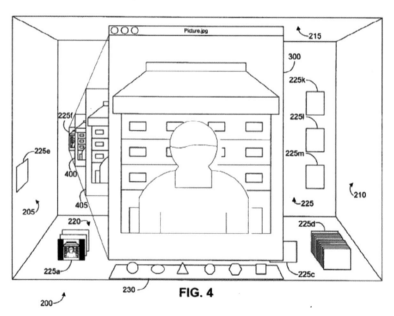

▲ 애플 특허의 Fig.3A(8,127,239, 28 Feb 2012). (출처: USPTO)

(20080307366), 2013년 4월 30일에 특허를 획득했다(8,432,396). 이는 3차원 시각화 객체들(Visualization objects)인 아이콘들 아래에 빛과 그림자 효과(lighting and shadowing effect)를 주어 깊이를 강조하기 위해 그에 상응하는 그림자 또는 반사 그림자를 반사 영역이나 표면(Reflection surface)에 나타내는 방법을 기술한 것으로서, 25개의 청구항과 5개의 그림을 포함해 총 14페이지의 특허이다. 앞의 메인 특허인 '다차원 데스크톱'에서 주요 내용을 다 살펴보았기 때문에 다음에는 차별화한 그림만 들어서 소개한다.

2007년 6월 8일, 애플은 3D UI(UX)를 위한 '3D OS와 장면/객체 전환 엔진과 전환 효과(Object transitions)'란 특허를 출원하고(11/760,561), 2008년 12월 11일에 출원서를 공개했으며(20080307365), 2012년 2월 28일에 특허를 획득했다(8,127,239). 특허는 3D GUI의 기본 버전인 Foundational 3D GUI를 기술하고 있는데, 가장 중요한 것이 3D OS이고, 그다음이 장면이나 객체를 전환하는 프리젠테이션 엔진들과 앱 엔진들이다. 이러한 특허 기술들은 향후 3년 이내에 애플의 Mac OS와 iOS에 적용될 것으로 보인다.

'다차원 데스크톱(Multi-dimensional desktop)'(8,745,535)과 '멀티-차원 앱 환경(Multi-dimensional application environment)'(8,381,122)과 '시각화 및 상호작용 모델(Visualization and interaction models)'(8,473,859)이라는 3개의 특허들은 3D GUI의 OS/App 환경을 구성하는 핵심 기술들로서, 그림만

31장에 달하는 총 50페이지 내외로 기술되어 있다. 2.5G 혹은 3G란 x-y-z 축을 포함하는 것으로서, x는 넓이(width), y는 높이(height), z는 깊이(depth)를 나타낸다. 일반적으로 x-y는 2차원이고 x-y-z는 3차원을 뜻한다.

2. 아이폰12는 AR 구현의 전(前) 단계?

▲ 2019년 9월 10일(현지 시각) 미국 캘리포니아주 쿠퍼티노 스티브 잡스 극장에서 신형 아이폰11과 아이폰11 프로, 아이폰11 프로맥스를 공개했다. (출처: 애플)

아이폰11에 대한 국내외 미디어들의 반응은 '더 이상 혁신이 없다', '아이폰 XR에서 크게 바뀌지 않았다', '애플이 한계에 다다랐다', '5G

네트워크를 지원하지 않는다' 등이었다. 특히, 후면 듀얼·트리플 카메라를 사각형 안에 모아 놓은 것에 대해서 국내외 네티즌들은 '인덕션이다', '방독면 같다'라며 조롱과 혹평을 쏟아냈다.

그 후의 애플의 주가 동향은 출렁였다. 애플은 2019년 9월 11일(현지 시각) 시가총액이 꿈의 1조 달러를 돌파했다. 주가 반등의 원인으로는 애플 TV 플랫폼과 게임 플랫폼인 아케이드(Arcade) 등 컨텐츠 서비스 시장에 대한 기대감 때문이라는 분석이 나왔다. 하지만 아이폰은 여전히 최전방에서 애플을 이끌고 있다. 한편 애플의 주가는 2020년 8월 19일(현지 시각) 미국 상장사 최초로 2조 달러를 돌파했다. 애플의 향후 기술전략을 가늠해보기 위해 아이폰11에 대해 좀 더 알아보자.

▲ 애플이 2019년 9월 10일(현지 시각) 미국 캘리포니아주 쿠퍼티노 스티브 잡스 극장에서 신형 아이폰11과 아이폰11 프로, 아이폰11 프로맥스를 공개했다. (출처: 애플)

애플은 2019년 9월 10일 아이폰11을 소개하는 자리에서 절반 이상의 시간을 카메라 성능 설명에 할애했다. 아이폰11은 1,200만 광각, 1,200만 초광각 듀얼 카메라로 구성됐다. 아이폰11 프로와 프로맥스는 여기에 1,200만 망원 카레라를 더해 트리플 카메라가 장착됐다. 특히 전·후면 카메라가 동시에 사진과 영상을 촬영하고, 4배 줌, 오디오 줌 기능 등을 도입했다. 컴컴한 환경에서도 선명한 사진을 찍을 수 있는 '나이트 모드' 기능과 4K 화질에 60fps의 동영상을 지원하며, 슬로우 모션 촬영도 가능하다.

또한 초당 1조 개를 연산할 수 있는 애플 자체 7나노미터 공정의 AP(Application Processor, 스마트폰 중앙처리장치) 칩인 A13 바이오닉을 탑재해 머신러닝 기술로 픽셀 단위 이미지 편집 기술인 '딥 퓨전' 기능도 지원한다. 이는 셔터를 누른 순간에 9장의 사진을 바로 촬영하고 자동으로 합성해 2,400만 화소 수준의 사진을 자체 제작하는 기술이다.

▲ 애플은 아이폰11에 이미지 편집 기술 '딥 퓨전' 기능을 탑재했다. (출처: 애플 유튜브)

05

카메라 기술의 진화

1. 사진만 찍는 카메라의 시대는 갔다

국내외 미디어들은 아이폰11 출시를 앞두고 "3세대 연속 같은 폼팩터(Form factor, 제품 형태)로 밀고 나가고 있으며, 이미 경쟁사에서 나온 기술이다"라고 평가절하했다. 하지만 얼핏 비슷한 기능처럼 보이지만 디테일은 다르다.

지금까지 애플의 혁신은 기존 기술을 새롭게 적용하면서 만들어져 왔다. 가령 3개의 후면 카메라만 해도 그렇다. 후면 카메라는 2018년 중국의 화웨이가 출시한 스마트폰 P20 프로처럼 가로 배치가 디자인 측면에서 최적으로 보일 수도 있다. 하지만 애플은 카메라를 사각 박스에 모아 놓았다. 이를 두고 '군용 장비'처럼 보인다는 의견도 있었다.

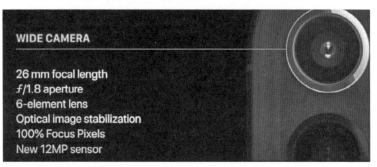

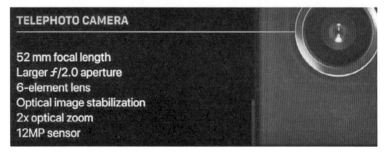

▲ 전후면 카메라가 동시에 사진과 영상을 촬영할 수 있고, 4배 줌&오디오 줌 기능 등을 도입했다. 컴컴한 환경에서도 선명한 사진을 찍을 수 있는 '나이트모드' 기능과 동영상은 4K 화질에 60fps를 지원하며 슬로우 모션 촬영도 가능하다. (출처: 애플 유튜브)

애플은 2020년 출시 예정인 아이폰12에 방점을 찍고 있는 듯하다.

애플은 아이폰12로 세상을 바꿀 것이라는 목표 아래, 5G 네트워크에 증강현실(AR) 기능을 탑재할 것으로 보인다. 따라서 카메라가 '전문 장비'여야만 한다.

그렇다면 애플은 왜 아이폰11에 5G를 탑재하지 않았을까. 그 배경에는 5G가 아직 시장에 범용된 기술이 아니라는 판단이 짙게 깔려 있다. 지금까지 애플은 완벽하지 않은 환경에서 관련 기술을 선보이지 않았던 기업문화가 자리하고 있다.

2. '애플의 비밀무기' U1칩

한편 아이폰11 발표에서 아예 빠진 'U1 칩'도 주목해야 한다. U는 초광대역(Ultra Wideband, UWB) 기술을 의미한다. 공식 웹사이트에는 "주변을 인식하는 초광대역 기술로 U1을 탑재한 다른 아이폰의 위치를 정확하게 감지한다"라고 소개하고 있다. 가령 에어드롭으로 공유할 때, 아이폰 사용자에게 아이폰을 향하면 그 사람을 목록에서 가장 먼저 보여준다. 스마트홈 '홈킷(HomeKit)' 서비스에서는 U1 칩을 활용해 각종 기기를 서로 연결할 수 있다.

U1 칩은 특히 증강현실(AR)에서 매우 중요한 위치를 차지한다. 애플이 AR에 공을 들이고 있다는 건 널리 알려진 얘기다. AR은 애플 태그와 쉽게 결합할 수 있는 기술이다. AR을 활용하면 홈킷에서 보

이지 않는 곳의 위치를 3차원으로 자세히 표시할 수 있다. 예를 들면 홈킷과 연동하는 블라인드가 작동 중인 상황을 직접 보지 않고도 제대로 작동하는지를 AR로 확인할 수 있다. 즉, 스마트홈과 AR을 통합하는 핵심 연결 고리가 U1 칩인 셈이다.

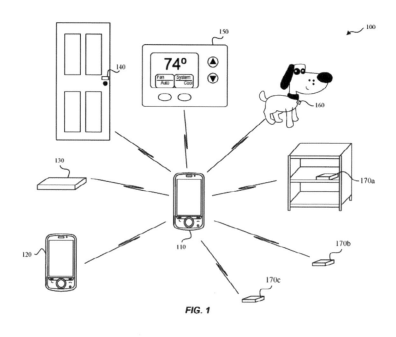

FIG. 1

▲ 애플 특허 'TIME INSTANT REFERENCE FOR ULTRA WIDEBAND SYSTEMS'(US020190199398A1, 2019.6.27). (출처: USPTO)

애플은 10여 년 전부터 UWB 관련 특허를 다수 보유하고 있다. U1 칩은 실내에서 오차 10센티미터 이내의 정밀도를 자랑하는 'IR-UW-

B(Decawave impulse radio ultra-wideband)'와 비슷한 기술인 것으로 알려졌다. IR-UWB를 탑재한 DW1000 Radio IC 칩셋은 Wi-Fi나 블루투스보다 100배 높은 정밀도로 연결 가능 거리는 290미터, 전송 속도는 최대 6.8Mbps다. 관련 전문가들은 "소프트웨어 기술과 결합해 실내 위치 오차가 3센티미터 이내의 정확도일 가능성이 있다"라고 말했다.

U1 칩은 손톱보다 작아 아이폰11뿐만 아니라 신형 애플워치나 에어팟 등에 탑재될 것으로 예상된다. 2020년 9월 30일 출시 예정인 iOS13은 '정확한 실내 지도 제공', 'AR 글래스를 위한 포석'이라는 등 다양한 예측이 나오고 있다. 따라서 U1 칩은 '애플의 비밀 무기'일 수 있다.

향후 애플은 iOS13 출시 이후 곧바로 애플 태그를 공식 발표할 것으로 예상된다. 만약 2020년에 공개하지 않더라도 개발자 행사인 〈WWDC〉에서는 발표할 가능성이 크다. 그동안 애플은 AP인 A 시리즈 바이오닉 칩뿐만 아니라 W 칩 시리즈, H 칩 시리즈 등 자체 라이센스를 확보한 칩 개발에 전념해 왔다.

2019년 7월에 애플은 인텔의 모뎀칩 사업부를 약 10억 달러에 인수한 것으로 알려졌다. 이는 앞으로 애플 생태계를 제어하는 데 있어 칩의 중요한 역할을 염두에 둔 것으로 해석된다. 즉, 애플은 최종 목적지인 3차원(3D) 전략 중 하나로 자체 칩 확보에 집중하고 있다고 할 수 있다.

그렇다면 왜 카메라 3개를 가로 또는 새로 배치가 아닌 사각 박스에 정삼각형 모양으로 배치했을까? 눈치가 빠른 사람들은 바로 알 수 있을 것이다. 비가 오거나 어두워도, 더 멀리 더 넓게 촬영을 해야 하는 것으로 이해할 수 있을 것이다.

▲ 아이폰11은 1200만 광각, 1200만 초광각 듀얼 카메라로 구성됐다. 아이폰11 프로와 프로맥스는 여기에 1200만 망원 카메라를 더해 트리플 카메라를 장착했다. (출처: 애플 유튜브)

06

공간을 3D화하는 맵핑 기술

1. 3D 매핑, 입체감을 디자인하다

사람이 사물을 인지할 수 있는 것은 양쪽 눈 사이가 약 6.5센티미터 떨어져 있기 때문이다. 이를 통해 두 눈은 서로 다른 영상을 인식하고, 이를 뇌에서 통합, 인지하는 과정에서 입체감을 느끼게 된다. 3D 입체 영상이 사물을 인지하는 것도 같은 원리이다.

구글 프로젝트 탱고(Project Tango)의 경우도 스마트 기기의 거리센서, 고급 컴퓨터 시각인식 및 이미지 처리 기능으로 공간을 3D로 스캔 맵핑하는 기술이다. 프로젝트 탱고 3D 맵핑은 3가지 동작 원리가 있다.

먼저, '모션 추적의 동작 원리'는 광각 카메라를 사용해 회전 및 선형 가속을 예측한다. 이는 움직이는 물체를 찾는 패턴 인식 유형에 사용한다. 다음으로, '공간 학습 동작 원리'는 카메라와 안드로이드 위치 서비스를 사용해 실내 위치를 구체화한다. 실제 공간의 가장자리나 모서리, 기타 독특한 시각적 특징을 수집해 실제 위치를 나중에 다시 인식한다. 특히 클라우드 서비스를 사용하지 않고 기기 자체 색인에서 식별한 시각적 특징에 대한 수학적 알고리즘을 기기에 저장해 현재 보이는 공간을 이전에 본 공간과 빠르게 일치시킨다. 마지막으로, '거리 인식 동작 원리'는 기기에서 물체까지의 거리를 측정하는 통합 3D 센서를 장착한다. 여기서 거리 데이터는 색상 이미지 데이터와 연결해 거리 지도를 생성한다. 그리고 거리 지도는 촬영한 이미지의 초점을 다시 맞추는 것과 같이 고유한 방식으로 사진을 수정해 이미지를 최적화한다.

하지만 거리 인식 기술은 카메라의 근적외선을 인식하는 기술에 의존하고 있어 한계가 존재한다. 햇빛이나 백열등 전구와 같이 적외선 광원이 높은 곳에 있는 공간이나 적외선을 반사하지 않는 물체는 정확하게 감지할 수 없다는 단점이 있다.

한편, 구글은 2018년 3월 '프로젝트 탱고'를 정리하고 2017년 8월에 공개한 AR 개발자 툴 'AR 코어(Core)'를 통해 모든 안드로이드 스마트폰에 AR을 적용한다는 계획을 수립 중이다. 현재 애플 'AR 개발자 툴(AR Kit)'과 경쟁하고 있다.

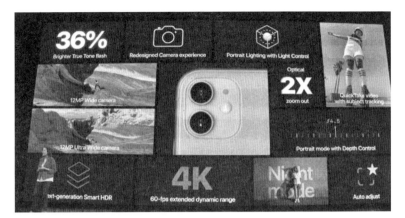

▲ 전후면 카메라가 동시에 사진과 영상을 촬영할 수 있고, 4배 줌&오디오 줌 기능 등을 도입했다. 컴컴한 환경에서도 선명한 사진을 찍을 수 있는 '나이트 모드' 기능과 동영상은 4K 화질에 60fps를 지원하며 슬로우 모션 촬영도 가능하다. (출처: 애플 유튜브)

2. 공간 3D 맵핑의 전(前) 단계를 구현할 아이폰12

결론적으로 아이폰11에 장착된 뛰어난 성능의 3개의 카메라(광각, 망원, 초광각)는 사람의 두 눈 사이 간격(Interocular Distance)처럼 정밀하게 계산된 배치로 보인다. 여기에 A13 딥러닝을 통한 딥 퓨전 기술과 U1 칩 기술 등은 하드웨어와 소프트웨어가 결합해 사물을 인식하고 공간을 3D로 맵핑하는 방향으로 가는 전(前) 단계로 분석된다. 애플은 세상을 모두 3D로 스캔하겠다는 목표를 향해 끊임없이 앞으로 나가고 있다. 또한 이를 운영하기 위한 OS도 개발하고 있는 것으로 보인다.

▲ 애플 자체 7나노미터 공정의 AP(Application Processor, 스마트폰 중앙처리장치) 칩 A13 바이오닉. (출처: 애플 유튜브)

아스팩미래기술경영연구소의 차원용 소장은 「애플의 3D 전략 특허 분석」에서 "애플이 추진하는 3D 아바타(Avatar)/모델(Model)과 3D GUI/GUX의 AR/VR 등이 출시되려면 기본적으로 OS는 3D OS가 되어야 한다"라며, "이러한 가설 아래 애플의 관련 특허를 분석한 결과, 기존 2D의 맥(Mac) OS/iOS가 3D GUI의 OS/앱(App)/사파리(Safari)로 업그레이드될 것"으로 전망했다. 아이폰11은 새로운 게임 체인저가 나올 수 있는 단초를 보여주고 있어 향후 아이폰12 출시의 기대감을 높이고 있다.

07

디스플레이와 AI 칩 강화를 통한
모바일 기기의 변화

인간의 뉴런(Neuron)과 시냅스(Synapse)의 신
경망(Neural Networks)을 모방하는 인공지능칩(AI Chip)이나 신경모방칩
(Neuromorphic Chip)을 개발하는 배경과 두뇌 신경망의 특징들인 가소성
(Plasticity)·SNNs/JNNs·STDP와 LTP/LTD, 시냅스의 역할, 그리고 비
신경세포인 신경교의 역할 등을 파악하려면 우선 생물학적이고 화학
적인 구조와 기능과 역할을 이해할 필요가 있다. 왜냐하면 이러한 지
식이 없으면 특허를 분석할 수도, 미래기술을 이해할 수도 없기 때문
이다.

1971년 미국 버클리 캘리포니아대학교의 레온 추아(Leon Chua) 교수
가 제안하고 HP 연구원들이 2008년 발견한 멤리스터(memristor)는 실
제로 존재하느냐 아니냐의 논쟁이 있지만, 이를 이용한 AI칩·신경모
방칩을 연구하는 기업들이 존재한다. AI칩·신경모방칩은 이제 시작

이다. 누가 어떤 물질(소자)을 갖고 뉴런과 시냅스와 같은 유기칩(Organic Chip)을 개발하는가가 중요하다. 멤리스터는 메모리(memory)와 저항기(resistor)의 합성어로서, 이전 상태를 모두 기억하는 메모리 소자를 말한다.

여기에서는 획기적인 에너지를 절감할 수 있는 AI칩·신경모방칩에 도전하는 두 가지 사례를 소개할 것이다. 미국 스탠퍼드대학의 뉴로모픽 컴퓨팅을 위한 인공 유기 시냅스 개발과 퀄컴의 엣지 인공지능 칩 개발이 그것이다. 이러한 사례는 앞으로 퀄컴, 인텔, IBM, 삼성전자, 알리바바 등이 왜 AI칩(신경모방칩)에 도전하는지 이해하는 데 도움이 될 것이다. 인간의 두뇌는 연산과 학습, 기억과 회상을 하는 데 20와트의 전력이 필요하다. 이를 모방해 저전력 칩을 개발하자는 것이다.

1. 획기적인 에너지 절감의 AI칩·신경모방칩에 도전하는 사례들

① 미국 스탠퍼드대학, 신경모방 컴퓨팅을 위한 인공 유기 시냅스 개발
미국 스탠퍼드대학과 미국 샌디아 국립연구소(Sandia National Laboratories)의 과학자들이 정보를 처리하고 저장하고 학습하고 기억하는 인간 두뇌의 시냅스와 똑같은 유기 인공 시냅스를 만드는 데 성공해「

뉴로모픽 컴퓨팅을 위한 저전압 인공 시냅스의 비-휘발성 유기 전기화학 디바이스」라는 논문을 발표했다.

이로써 딥러닝 이후의 두뇌 정보 처리, 저장, 학습, 기억의 메커니즘을 모방하는 뉴로모픽 컴퓨팅, 뉴런과 시냅스의 다층적(Multi-Layered) 생체 지능(BI, Biology Intelligence), 두뇌와 기계의 인터페이스(BMI) 기술 분야에 획기적인 혁신이 이루어질 것으로 기대를 모으고 있다. 논문에서 '전기화학'이라는 용어를 사용한 이유는 뉴런(Neuron)이 +-의 전기 신호로 정보를 전도하고, 시냅스는 도파민 등 70가지 이상의 화학물질인 신경전달물질(Neurotransmitter)을 분비하여 전달하고 저장하고 회상하기 때문이다.

뉴런과 시냅스의 연결과정은 뉴런→시냅스→뉴런이 되는데, 시냅스전뉴런(Presynaptic Neuron)이 정보를 시냅스에 전도하면, 시냅스는 신경전달물질(화학물질, Neurotransmitter)을 분비하여 시냅스후뉴런(Postsynaptic Neuron)에 전달하게 된다. 이때 시냅스는 정보를 프로세싱해서 동시에 기억을 생성하고 저장한다. 여기서 프로세싱이 바로 기억에 해당하는데, 기억을 꺼내는 회상도 시냅스가 담당한다.

또한 우리가 학습할 때에도 뉴런→시냅스→뉴런의 연결고리에서 시냅스전뉴런이 전기 신호로 정보를 전도한다. 이 과정에서 가장 많은 에너지가 첫 번째 시냅가 활성화되어 가로지를 때 필요하고, 그다음 연결부터는 에너지 소비가 적어진다. 이것이 바로 시냅스가 무엇인가를 학습(learning)하고 기억(remembering)하는 방법이다.

▲ 미국 스탠퍼드대학의 알베르토 살레오 교수(왼쪽)가 신경망 컴퓨팅 (for neural network computing)을 위해 전기화학 성분으로 이루어진 인공 시냅스를 보며 설명하고 있다. (출처: L.A. Cicero)

따라서 일을 많이 하는 뇌 부위는 시냅스 연결이 늘어나고, 활동을 하지 않는 부위는 연결이 끊어진다. 이를 시냅스의 가소성(synaptic plasticity)이라 부른다. 이런 효율적인 구조 때문에 에너지 소모를 최소화하며 대용량의 정보를 고속으로 처리하고 저장할 수 있다.

수십 년 동안 컴퓨터 기술이 발전했어도 과학자들은 아직 저전력으로(low-energy) 고상한 프로세싱(elegant processing)을 하는 두뇌와 같은 컴퓨터를 만들지 못하고 있다. 그러나 스탠퍼드대학을 중심으로 한 공동연구팀은 효율적인 두뇌의 일부분을 모방하여 뉴런들과 소통하는 인공 시냅스 디바이스 개발이라는 획기적인 진전을 이루어냈다. 교신저자인 알베르토 살레오(Alberto Salleo) 교수는 "이 인공 시냅스 디바이스는 진짜 시냅스처럼 작동하지만, 공학적으로 만들어진 하나의 유기 전자 디바이스(an organic electronic device)입니다. 따라서 이는 완전히 새로운 디바이스입니다. 왜냐하면 이와 같은 구조를 가진 유형은 예전에 없었습니다. 실리콘 등 무기물로 만들어진 어떤 것보다 훨씬 수행능력이 뛰어납니다"라고 말했다.

▲ 시냅스의 구조 (출처: 위키피디아)

이 디바이스의 중요한 특징은 시냅스를 그대로 모방한 비휘발성(non-volatile)이기 때문에 에너지를 현저하게 절약한다는 점이다. 기존 컴퓨터는 정보를 프로세싱한 다음에 메모리에 저장하지만, 이 디바이스는 프로세싱과 동시에 메모리를 생성하고 저장한다.

멀지 않은 미래에 이 인공 시냅스는 두뇌와 같은 컴퓨터의 일부가 될 것이다. 그러면 시각 신호와 청각 신호를 동시에 처리하게 될 것이다. 예를 들면 음성으로 제어되는 인터페이스와 자율차 등이 그것이다. 과거에는 인공지능 알고리즘에 의해 고성능의 신경망 네트워크가 나왔지만, 아직 두뇌를 따라오기란 멀게만 느껴졌다. 이는 많은 에너지가 들어가는 에너지 소비적인 하드웨어에 의존했기 때문이다.

논문의 제1저자인 판 드 버지트(Yoeri van de Burgt)는 "딥러닝의 알고리즘은 매우 강력합니다. 그러나 딥러닝의 알고리즘들은 전기 상태들(electrical states)을 계산하고 모방하고, 그다음에는 그것들을 메모리에 저장하는 프로세서들에 전적으로 의존합니다. 따라서 이러한 과정은 에너지와 시간 관점으로 볼 때 비효율적입니다. 딥러닝이 신경망을 흉내내는 것인 데 반해, 인공 시냅스는 신경망을 만들도록 노력합니다"라고 말했다.

인공 시냅스는 배터리 디자인을 바탕으로 한다. 인공 시냅스는 두 개의 얇고 유연한 필름과 함께 3개의 단자로 이루어져 있고, 이들은 소금물의 전해질로 연결된다(It consists of two thin, flexible films with three terminals, connected by an electrolyte of salty water). 따라서 인공 시냅스 디바이스는 하나의 트랜지스터처럼 작동하는데, 3개의 단자 중 하나의 단자는 두 개의 단자들 사이에 흐르는 전기의 흐름을 제어한다.

학습을 통해 강화학습을 하는 뇌 속의 신경 통로(노드)처럼 연구팀은 충전과 방전을 반복하면서 학습하는 인공 시냅스를 프로그래밍했다. 이러한 훈련을 통해 인공 시냅스는 어느 특정 전기 상태에 도달하는 데 필요한 전압의 1% 내에서 예측을 할 수 있다. 이는 그만큼 예측이 정확하며 전기가 필요 없다는 것이다. 즉, 비휘발성이라는 점이다. 따라서 작업을 하고 저장한 후에 전원을 꺼야 하는 일반 컴퓨터와 달리, 이 인공 시냅스는 전원을 끄지 않아도 프로그램을 거듭 불러올 수 있다. 이에 대해 좀 더 자세히 알아보자.

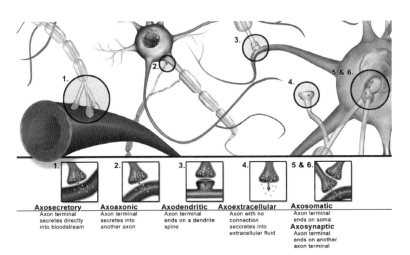

▲ 시냅스의 종류 (출처: 위키피디아)

인공 시냅스 네트워크 테스트(Testing a network of artificial synapses) − 기존에는 오로지 하나의 인공 시냅스만을 만들었다. 하지만 연구원들은 시뮬레이터에서 여러 개의 인공 시냅스 어레이들이 진짜 신경망처럼 작업을 하는지 실험해 1만 5,000개의 측정치를 찾아냈다. 예를 들어 연구원들은 0에서 9까지의 친필(handwriting)을 알아낼 수 있는지에 대해서 인공 시냅스의 네트워크 능력을 시뮬레이션으로 테스트했다. 3개의 데이터셋트(datasets) 위에서 테스트한 결과, 시뮬레이션된 어레이는 93~97%의 정확도로 친필 숫자들을 알아냈다.

인간이라면 시각과 청각 신호를 쉽게 식별한다. 이에 비해 전통적인 컴퓨터는 식별이 어렵고, 또한 상당한 시간을 필요로 한다. 그러나 인공 시냅스 디바이스는 시각과 청각 신호를 쉽게 해석하고, 소요 시간도 매우 적다.

논문의 또 다른 저자인 탈린(A. Alec Talin)은 "우리는 컴퓨터가 인간 두뇌처럼 작업하기를 기대하지만, 지금의 컴퓨터들은 전력을 더 필요로 합니다. 슈퍼컴퓨터를 보세요. 슈퍼컴퓨터는 어마어마한 전력을 필요로 합니다. 따라서 이번 논문을 통해 이러한 알고리즘을 돌리는 데 인공 시냅스가 적격이라는 것과 저전력을 소비한다는 것을 데모한 것입니다"라고 말했다.

이 인공 시냅스 디바이스는 전통적인 컴퓨터가 상당한 어려움을 겪는 신호 식별과 분류에 적격이다. 예를 들어 디지털 트랜지스터는

0과 1, 두 개의 상태만을 다루지만, 연구팀은 이 인공 시냅스 안에서 500개의 상태를 다루도록 프로그램하는 데 성공했다. 이를 통해 위와 같은 뉴런 타입 컴퓨팅 모델에 유용하게 쓰일 것으로 기대를 모으고 있다.

또한 이 상태에서 다른 상태로 전환할 때 인공 스냅스 디바이스는 최신 컴퓨터가 프로세싱한 데이터를 메모리에 저장하는 데 필요한 에너지의 1/10만 소비한다. 이는 생물학적 시냅스가 불을 붙이는 데 필요한 최소의 에너지보다 인공 시냅스 디바이스가 아직도 1만 배 정도의 에너지를 더 쓰고 있음을 의미한다.

우리 두뇌에 있는 시냅스를 100% 모방하기란 쉽지 않다. 아직도 갈 길이 멀다. 연구팀은 더 작은 디바이스를 만들고 테스트하면 뉴런 수준의 에너지 효율성을 얻을 수 있을 것으로 희망하고 더욱 연구에 몰두하고 있다.

유기질의 잠재성(Organic potential) – 이 인공 시냅스 디바이스의 모든 부분은 저렴한 유기물질로 이루어져 있다. 한마디로 생물전자(Bio-electronic) 기기라는 것이다. 이러한 유기물질들은 자연에서 발견되는 것이 아니라 두뇌 시냅스의 신경전달물질인 화학물질과 호환되는 수소와 탄소로 주로 이루어져 있다.

두뇌의 시냅스 세포들은 이러한 유기물질 위에서 성장하고, 유기물질들은 신경전달물질을 방출시키기 위해 인공 펌프들을 만드는 데 사용한다. 언젠가는 인간 뉴런을 통해 움직이는 전기의 양만큼 인공 시냅스를 훈련시키는 데도 그만큼의 전압이 적용될 것이다.

인공 시냅스가 실제 살아 있는 뉴런과 연결되면, 이것은 브레인-머신 인터페이스(BMI)의 진보를 유도할 것이다. 인공 시냅스 디바이스의 부드러움과 융통성은 응용 생물학 환경에도 사용될 것이다. 연구팀은 이를 위해 여러 개의 인공 시냅스로 이루어진 실제적인 어레이를 만들어 두뇌와 같은 신경망을 구축한다는 계획이다.

② 퀄컴의 엣지인공지능칩(Edge AI Chip)-NPU 개발 동향

퀄컴(Qualcomm)의 인공지능 칩(AI Chip) 개발은 특허 분석 결과, 2010년으로 거슬러 올라간다. 그 후 퀄컴은 2013년 10월 10일, 자사 블로그를 통해 인간의 실제 뇌를 더모방해 학습하는 스파이킹 뉴럴 네트워크(Spiking Neural Networks, SNNs) 프로세서(Neural Processing Unit, NPU, 신경망 처리 장치)인 '제로스(Zeroth)'를 공개했다. NPU는 사람의 뇌를 구성하는 신경망에서 아이디어를 얻었다.

제로스는 인공 뉴럴 네트워크를 구현하기 위해 퀄컴의 R&D팀이 제시한 새로운 프로세서 아키텍처로서, 다음과 같이 3가지 명확한 목적을 가지고 설계됐다. 첫째, 생물체처럼 학습하는 능력(Biologically Inspired Learning)을 가져야 하고, 둘째, 인간처럼 주변 환경을 인식하는

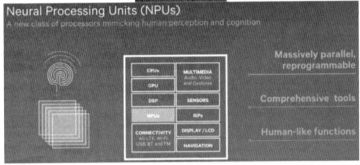

▲ 퀄컴의 SNNs베이스의 NPU인 Zeroth(2013). (출처: 퀄컴)

능력(Enable Devices To See and Perceive the World as Humans Do)을 가져야 하며,
셋째, NPU 개념을 정립(Creation and definition of an Neural Processing Unit)해
야 한다는 것이다.

생물체처럼 학습하는 능력이란 무엇일까? '스스로 판단한다'라
고 정의할 수 있다. 지금까지 컴퓨터는 인간이 내린 명령에 대한 결
과 값만을 도출해냈다. 하지만 제로스를 탑재하면 얘기가 조금은 다
르다.

퀄컴은 동영상을 통해 스스로 판단한다는 개념을 설명했다. 먼저
제로스를 탑재한 로봇에 색깔이 칠해진 타일을 찾으라는 명령을 내

렸다. 그 결과 로봇은 기존 타일과 색상이 다른 6가지 타일을 찾아냈다. 여기까지는 일반적인 컴퓨터와 같다.

그다음에는 하얀색 타일을 찾은 로봇에게 '칭찬한다'라는 명령을 내렸다. 그러자 로봇은 칭찬한다는 명령 다음에 어떤 행동을 하라는 지시를 받지 않았음에도 알아서 '스스로' 또 다른 하얀 타일을 찾아냈다. 이것이 '스스로 판단한다'의 핵심이다.

인간처럼 주변 환경을 인식하는 능력이란 '뇌와 유사한 구조를 가지고 있다'라는 뜻이다. 퀄컴은 뇌의 신경세포를 연구해 뇌 동작 특성에 관한 수학적 모델을 만들었다. 그리고 뇌 신경 세포의 세포막에 특정 전압(인식)이 가해지면 두뇌신호(스파이크)가 생성된다는 사실을 파악했다. 뇌는 이 스파이크 신경망 네트워크(SNNs)를 통해 감각을 받아들이는데, 이러한 구조를 제로스에 적용했다는 것이 퀄컴의 설명이다.

NPU란 인공 뉴럴 네트워크를 구현하기 위한 프로세서 유닛(신경망 처리 장치)이다. 원래 프로세서는 코어(센트럴) 프로세서 유닛(CPU), 그래픽 프로세서 유닛(GPU), 디지털신호처리기(DSP) 등, 종류가 다양하다. 퀄컴의 최종 목적은 NPU의 개념을 정립하고, 이를 스마트폰 AP(Application Processor)에 포함시키는 것이다.

CPU, GPU, DSP, 센서, 통신칩셋 등으로 구성된 스마트폰 AP에 NPU가 포함되면 스마트폰은 또 한 차례 큰 도약을 이뤄낼 것으로 보인다. 터치스크린과 애플리케이션을 통해 명령을 내려야만 임무를 수행하던 스마트폰이 스스로 알아서 판단하고 유용한 정보를 찾아내 이를 사용자에게 알려주기 때문이다.

또한 인간의 결정보다 더 나은 판단을 찾아내 보여줄 수도 있다. 소프트웨어로 구현해야 했던 예전과 달리 스마트폰이 하드웨어적으로 판단한다는 것이 가장 큰 차이점이다. 작아진 컴퓨터가 아니라 진정으로 스마트한 전화기가 출현하는 것이다.

NPU에는 또 다른 특징이 있다. 사람은 오감(五感)을 통해 인식한 수많은 정보를 뇌에서 동시에 처리하고 반응한다. 음성을 인식할 때에도 청각에만 의존하는 것이 아니라 오감을 통해 인식한다. 이는 사람의 뇌가 하나의 특정한 처리 장치로 움직이는 것이 아니라 수많은 뉴런(신경세포)이 동시다발적으로 작동하기 때문에 가능한 일이라고 할 수 있다.

NPU는 사람의 뇌에 있는 뉴런처럼 수많은 코어를 갖고 있다. 적게는 수십 개에서 많으면 수천 개의 코어가 동시에 작동한다. NPU는 음성이나 사진처럼 엄청난 양의 연산이 필요한 데이터 처리와 분석에 최적화된 연산 시스템이다. 현재의 CPU나 AP는 계산을 최대한 정확하게 하도록 설계돼 있는 반면, NPU는 입력된 데이터 중에서 소수점 이하 부분 같은 구체적인 부분은 과감히 생략하고 근사값을 만든 후에 동시에 많은 계산을 진행하도록 한다.

데이터를 생략하면 반도체칩의 구조는 단순해지는 반면, 속도는 빠르고 소비 전력도 획기적으로 줄일 수 있다. 다만 근사값을 사용해 연산한 NPU는 완벽한 계산 결과를 내놓지는 않는다. AI 서비스나 음성·이미지 인식의 경우에 하나의 정확한 정보보다 최대한 많은 데이터를 동시에 처리하는 것이 더 정확한 답을 내놓을 수 있다. 몇몇 사람을 대상으로 물어보는 것보다 더 많은 사람을 대상으로 설문조사를 할수록 여론조사 결과가 더욱 정확해지는 것과 같은 경우이다.

▲ 제로스 브랜드가 사라지고 그 대신 NPU가 탑재된 스냅드래곤 프로세서. (출처: 퀄컴)

2016년 5월 퀄컴은 NPU가 탑재된 스냅드래곤(Snapdragon) 820 프로세서부터 제로스 SDK가 적용된다고 발표했다. 그 후로 제로스 브랜드는 사라졌다. 그리고 2016년 9월부터 몇몇 개발 파트너들과 작업을 하다가 2017년 7월 SDK가 완전히 공개되었다. 현재는 제로스 브

랜드가 사라지고, 제로스 사이트도 폐쇄되었다. 그 대신 지금은 스냅
드래곤 845와 855 AP에 AI 기술력이 집약되었다.

퀄컴의 3세대 AI 모바일 플랫폼인 스냅드래곤 845는 전작인 스냅
드래곤 835 대비 AI 성능이 3배가량 향상됐다. 이로 이해 개인 비
서(Personal Assistance) 역시 정확한 판단과 빠른 조작, 그리고 자연스러
운 응답이 가능해졌다. 더욱이 NPU의 AI가 엣지(Edge, 디바이스)에
서 직접 돌아가므로 클라우드에 접속할 필요도 없어졌다. 따라서 이
를 On-device(Edge) AI라고 하는데, 데이터가 클라우드에서 디바이스
로 이동하기(Cloud → Edge) 때문에, 많은 기업들이 Edge AI에 도전하고
있다.

2. Edge AI ↔ Cloud AI의 쌍방향 시대가 온다

기존 APU는 한 번에 하나씩 순차적으로 정형화된 데이터를 빠르
게 처리했다. 하지만 인간의 뉴런과 시냅스의 신경망을 모방하는 인
공지능칩(AI Chip) 또는 신경모방칩(Neuromorphic Chip)은 기기(Edge) 내
의 이미지 처리, 음성인식 등 다양한 비정형 데이터를 빠르게 처리할
수 있다.

현재 아마존의 에코를 비롯하여 구글의 홈(어시스턴트) 등 AI 스피커

들은 입력된 음성을 클라우드로 보내 여기에 탑재된 클라우드 AI가 답변을 찾은 뒤(이를 'Edge to Cloud'라고 함), 다시 스피커로 전송하는 방식을 채택(이를 'Cloud to Cloud'라고 함)하고 있다. 그 결과, 음성인식 AI 비서가 사람의 말을 알아듣는 데sms 최소한의 시간이 걸리지만(이를 'Latency'라 함), 인식률은 정확하지가 않다(음성인식률/얼굴인식률/이미지인식률 등은 대략 95%가 한계).

한편 클라우드는 슈퍼컴퓨터라서 클라우드 AI가 처리하는 데 들어가는 파워가 0.1메가와트~1메가와트 수준으로 고전력이 요구된다. 예를 들어 2016년 한국의 프로 바둑기사 이세돌과 바둑을 둔 알파고 리(AlphaGo Lee)는 4개의 TPU(Tensor Processing Units)로서 1메가와트의 고전력을 소비했으며, 2017년 중국의 프로 바둑기사 커제(柯洁)와 둔 알파고 마스터(AlphaGo Master)는 하나의 TPU로 0.1메가와트의 전력을 소비했다. 그에 비해 이세돌이나 커제는 두뇌에서 겨우 20와트의 전력만을 소비했다.

또한 클라우드 AI는 해킹에 취약해 개인정보 유출의 위험성이 높다. 이러한 문제를 해결하기 위해 등장한 것이 기기에 탑재하는 Edge AI칩이다. Edge AI칩이 발전할수록 기기 자체에서 처리할 수 있는 데이터 양이 늘어나면서 데이터 처리 속도가 빨라져서 사용자의 서비스 만족도도 올라간다.

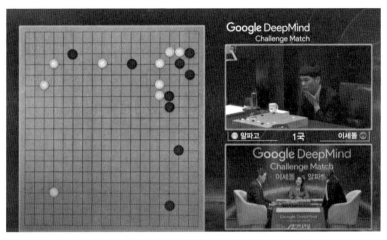

▲ 이세돌-알파고의 유튜브 중계 장면 (출처: 바둑 TV 유튜브)

이러한 개념은 많은 자동차 및 드론 관련 컨설팅 회사들의 최근 보고서를 보면 알 수 있는데, 그것은 '클라우드에서 온 프레미스로 이동한다(the shift is moving back from the cloud to on premise)'는 것으로 설명할 수 있다. 이때 'on premise'이란 자동차나 드론을 말하는데, 좀 더 구체적으로는 디바이스 자체인 기기(Edge)를 가리킨다.

이를 가장 빨리 이해한 기업은 A16Z인데, 이들은 〈클라우드 컴퓨팅의 종말(The End of Cloud Computing)〉(a16z.com, 2016. 12. 16.)이란 프레젠테이션에서 "하늘에 있는 클라우드는 종말이 오고, 바퀴와 날개를 가진 셀프-드라이빙 카나 드론 자체가 데이터 센터가 된다(where self-driving cars and drones are really data centers with wheels or wings)"라고 주장했다.

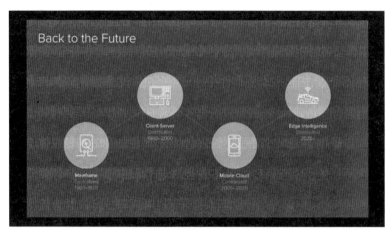

▲ 클라우드 컴퓨팅의 종말 프레젠테이션 화면 갈무리 (출처: a16z.com)

이것은 바로 블록체인(Block Chain)의 원리이기도 하다. 중앙화 중심의 클라우드(Centralized Cloud-Centric)와 Aloud AI를 통해서, 그동안 구글과 페이스북 등은 데이터의 독점과 경제의 독점으로 거대 제국을 이루었다. 최근에는 페이스북의 개인정보 유출 등 그 피해 사례가 점점 가시화되고 있다. '내가 글을 써서 올리는데 왜 돈을 벌고 있는 기업은 페이스북인가?' 그래서 탈중앙화된(Decentralized) 디바이스로 데이터를 분산시켜 데이터와 경제 주권을 찾자는 주장도 제기되고 있다.

블록체인은 분산원장(Distributed Ledger) 기술로 거래정보를 기록한 원장을, 금융기관 등 특정 기관의 중앙서버가 아니라 P2P(Peer-to-Peer, 개인 간) 네트워크에 분산시켜 참가자가 공동으로 기록하고 관리하는 기술을 말한다. 이 개념은 아마존이 비밀리에 개발하고 있는 자율차 개발 프로젝트인 코드명 보그(Borg)에서 나온 것으로 알려져 있다. 코드명 '보그'란 무엇일까? 바로 SF영화 〈스타 트렉(Star Trek)〉에 등장하는 보그를 가리킨다. 아마존의 CEO 제프 베조스는 재방송을 빠짐없이 챙겨볼 정도로 〈스타 트렉〉 광팬이었다고 한다. 아마존 설립 당시 스타 트렉에 나오는 장-뤽 피카드(Jean-Luc Picard) 선장의 대사의 일부를 따와 회사명을 'Amazon MakeItSo.com'으로 검토했을 정도다.

▲ 〈스타 트렉〉에 등장하는 반 기계 반 유기체 종족 보그 퀸. (출처: 〈스타 트렉〉 화면)

영화 〈스타 트렉〉에 등장하는 보그는 AI로 제어되는 집단의식(AI-controlled collective consciousness)을 이용해 보다 빠르고 보다 낫게 의사결정을 한다. 다시 말해 기업들이 최상의 방법으로 공유할 수 있는 그룹사고(groupthink)를 진행하는 것이다. V2V/V2I/V2P/V2G가 되든

V2X가 되려면, 모든 자율차나 자율트럭들이 센서 데이터나 매핑 데이터베이스의 인공지능 알고리즘을 통해 리얼타임으로 학습하고 리얼타임으로 공유해야 하는데, 아마존은 바로 이것을 개발하려는 것이다.

예를 들어 20대의 자율차 또는 20대의 드론이 광화문을 주행 또는 비행한다고 가정해보자. 그런데 광화문이 갑자기 테러집단에 의해 공격을 당한다. 통신망을 마비시키기 위한 테러 집단의 최초의 공격으로 인해 클라우드로 데이터를 보낼 수 없는 상황이다. 이런 경우, 20대의 자율차와 드론들이 별도의 통신망, 예를 들어 레이저 통신을 통해 협력하여 최적의 판단 또는 결정을 내려 테러집단을 물리치고 통신망을 복구한 후에 클라우드로 보내면, 클라우드는 전체 글로벌 데이터를 수집해 어느 지역에서 테러가 일어났는지 파악하고 또한 예방할 수 있다.

이것이 바로 Edge AI에서 우선 판단하고 차후에 클라우드 AI에 알려 부분과 전체를 파악하는 Edge ↔ Cloud의 개념이다. 물론 필자의 견해로는, 클라우드의 종말이 아니라 디바이스 자체가 데이터 센터이므로 당분간은 양립하고 협력하는 하이브리드 형태로 갈 것이다. 이와 마찬가지로 지금은 Cloud → Edge 개념의 퍼블릭 블록체인도 결국 Cloud ↔ Edge 개념의 하이브리드 블록체인으로 진행될 것이고, 여기에 인공지능이 합세할 것으로 보인다.

지금까지 삼성전자와 인텔, 퀄컴 등 칩 제조사들은 구글과 애플, 페이스북 등이 자신들의 클라우드에 고객 데이터를 독과점하는 것을 허용해 왔다. 하지만 조만간 Cloud → Edge로 데이터가 분산될 것으로 예측하고 있기 때문에 이들 업체들은 Edge AI칩을 개발하는 데 박차를 가하고 있다. 따라서 향후 10년간은 누가 먼저 획기적인 Edge AI칩을 개발하는가에 따라 제4차 산업혁명의 성패가 판가름날 것으로 보인다. 그와 동시에 Cloud AI와 Edge AI를 연결하는 Cloud ↔ Edge 서비스 기업도 등장할 것으로 예상된다.

08

건강을 좇는 바이오&헬스케어 기술

1. 아마존, 헬스케어 시장 석권을 꿈꾼다

아마존이 미국 시애틀 본사 직원들과 그의 가족들을 위한 건강관리 앱 '아마존 케어(Amazon Care)'를 출시했다. 아마존 케어는 영상 채팅이나 문자 등 온라인 진료 서비스를 제공하고 처방전을 직접 집으로 보내주는 포괄적인 의료 서비스이다.

(출처: amazon.care)

아마존의 헬스케어 시장 진출은 2018년 온라인 약국 필팩(PillPack)을 인수하면서 그 야심을 드러냈다. 따라서 이번 건강관리 앱 출시는 헬스케어 분야를 향한 본격 진출의 신호탄이라 할 수 있다. 아마존 케어 앱 구축은 워싱턴 소재 오아시스 메디컬 그룹(Oasis Medical Group)과 협력했다.

아마존의 부문별 사업 진출은 첨단 자동화 무인 점포인 아마존 고처럼 직원들을 대상으로 서비스를 테스트한 후에 시장에 내놓았다. 아마존은 2019년 초에는 환자 정보를 처리하는 알렉사(Alexa) 기술을 6개의 의료기관과 제휴했다고 발표했다. 또한 회사의 건강보험 프로그램에 주력하기 위해 2018년에는 버크셔 해서웨이 및 JP 모건 체이스와 협력해 3개사 120만 명의 직원을 위한 새로운 헬스케어 기업 해븐(Haven)을 설립한 바 있다.

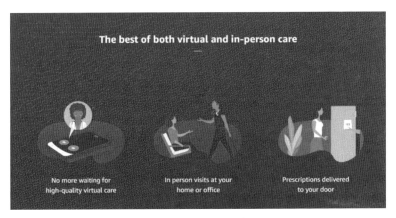

(출처: amazon.care)

아마존 케어는 온라인 진료는 물론 가정이나 사무실을 직접 방문하는 진료 서비스도 가능하다. 또한 처방전을 집까지 배달해주는 서비스뿐 아니라 가상 케어와 대면 케어 모두를 제공한다. 전용 앱을 이용한 온라인 진료 서비스로는 감기나 알레르기, 감염, 가벼운 상해 등에 대한 신속한 진단이나 조치를 받을 수 있다. 또한 각종 건강과 예방 접종에 관한 상담, 피임 및 성병 등에 관한 상담 서비스도 받을 수 있다.

앱에서 텍스트 채팅을 통해 간호사와 메시지 교환도 가능하며, 건강에 관한 모든 상담과 조언을 받을 수도 있다. 또한 화상 채팅을 이용하면 의사나 간호사에게 보다 전문적인 진료를 받을 수도 있다. 하지만 전용 앱을 이용하려면 iOS 12.0 이상 또는 안드로이드 6.0 이상을 탑재한 스마트폰이 필요하다.

특히 세밀한 진찰이 필요한 경우에는 가정이나 사무실에 간호사를 파견하는 '모바일 케어(Mobile Care)'라는 서비스를 받을 수도 있다. 그밖에도 처방전을 집이나 사무실에 보내달라고 할 수 있는 '케어 커리어(Care Courier)'도 2시간 이내에 받을 수가 있다. 현재 시애틀에 거주하는 아마존 직원의 경우에는 월요일부터 금요일에는 8시부터 21시까지, 토요일은 8시부터 18시까지 아마존 케어 서비스를 받을 수 있다.

2. 헬스케어 혁신의 미래 '애플워치4'

전 세계 사용자들의 기대를 모으며 출시된 4세대 애플워치가 헬스케어 시장에서 새로운 바람을 일으킬 것으로 예상된다. 이는 지금까지 나온 헬스케어 디바이스 가운데 가장 앞선 성능을 가진 것일 뿐 아니라 의료 혁신을 어떻게 실행하는지를 보여주는 좋은 사례가 될 것이다.

▲ 애플 최고운영책임자 제프 윌리엄스가 애플워치 시리즈 4를 공개하고 있는 모습.
(출처: 애플)

애플은 2019년 9월 미국 캘리포니아주 쿠퍼티노의 애플 신사옥 스티브 잡스 극장에서 신제품 행사를 열고 스마트폰 최초 7나노미터 공정 모바일 애플리케이션프로세서(AP) A12 바이오닉(Bionic) 칩이 탑재된 아이폰 Xs 시리즈와 '4세대 애플워치(Apple Watch Series 4)'를 발표했다. 특이 여기서 눈여겨봐야 할 대목은 2시간에 걸친 iOS12 발표에서 애플 최고운영책임자(COO) 제프 윌리엄스가 애플워치4 소개에 40분가량이나 할애했다는 것이다. 이는 애플이 4세대 애플워치로 헬스케어 시장에서 새로운 바람을 일으키겠다는 의도로 해석된다. 따라서 애플워치4가 헬스케어 도구의 정점을 찍고 의료 혁신에 어떻게 접근하고 있는지를 살펴보도록 하자.

▲ 애플워치4. (출처: 애플)

애플워치는 폭 40밀리미터, 두께 10밀리미터에 64bit 듀얼 코어 S4 칩, 16GB 메모리를 비롯해 LTE,·Wi-Fi,·NFC,·블루투스 등의 무선 통신 장치와 GPS, 가속도계, 자이로스코프 심장박동 센서, 심전도 (ECG) 센서 등 다양한 장비를 장착하고 있다.

애플은 애플워치로 의료 분야에 초점을 맞추고 있다. 4세대 애플워치에 추가된 '넘어짐 감지 기능', '심장 박동 이상을 감지해 알리는 기능', '심전도(ECG) 센서'라는, 이 새로운 3가지 기능을 보면 헬스케어 시장에 대한 미래를 엿볼 수 있다. 특히 새로운 심전도(ECG) 센서를 탑재하고, 심장 박동의 변화를 감시하여 의심스러운 증상이 감지되면 사용자에게 바로 통지하는 등 헬스케어에 방점을 찍고 있다. 또한 애플워치는 의료 분야의 킬러 애플리케이션이 될 수 있는 새로운 '건강관리' 앱을 탑재해 의료 진단에 커다란 혁신을 가져다줄 것으로 기대를 모으고 있다.

▲ 디지털 크라운 터치로 심전도 앱과 전기 심박 센서를 활용해 고객이 직접 손목에서 심전도를 측정할 수 있다. (출처: 애플)

① 심박수(BPM) vs 심전도(ECG)

기존 애플워치 심박수(BPM) 측정과 4세대 애플워치 심전도(ECG)는 의료 분야에서 전혀 다르게 사용된다. 심박수는 일반적으로 심장의 박동수를 점검하지만, 심전도는 정해진 시간에 심장의 전기적 활동을 해석해서 심장박동의 비율과 일정함을 측정할 뿐 아니라, 심장의 크기와 위치, 심장에 어떠한 손상이 있는지 등을 진단하는 데에도 사용한다.

사용자는 심전도(ECG) 앱을 통해서 손목에서 직접 심전도를 측정할 수 있다. 이 기능은 디지털 크라운에 탑재된 전극과 후면 크리스털의 새로운 전기 심박 센서를 통해 작동한다. 앱을 사용할 때 사용자가 디지털 크라운을 30초 동안 터치하면 심박 리듬이 표시된다. 이를 통해 심장이 정상적으로 박동하고 있는지, 또는 심각한 건강 문제를 일으킬 수 있는 심방세동(AF·atrial fibrillation) 징후가 있는지를 판별할 수 있다. 모든 기록 사항, 관련 진단 내용 및 알려진 증상은 건강 앱에 PDF 파일로 저장되어 의사와 공유할 수 있다.

또한 심전도는 디지털 크라운 터치로 측정도 쉬워졌다. 새로운 심전도 앱과 전기 심박 센서를 활용해 고객이 직접 손목에서 심전도를 측정할 수 있다. 가령, 애플워치가 백그라운드에서 간헐적으로 심박을 분석해 부정맥이 감지되면 알림을 표시한다. 또한 사용자의 심박수가 지정한 범위를 벗어나도 알림이 표시된다.

또 차세대 가속도계와 자이로스코프를 맞춤 알고리즘과 함께 활용하면 사용자가 크게 넘어지는 상황을 감지해 사용자에게 알림을 보낸다. 이 알림은 해제할 수도 있으며, 긴급 구조 요청을 보내는 데에도 활용할 수도 있다. 알림 후 60초간 움직임이 없으면 애플워치가 자동으로 긴급 구조를 요청하며, 비상 연락망에 위치 정보를 포함하는 메시지를 전송한다.

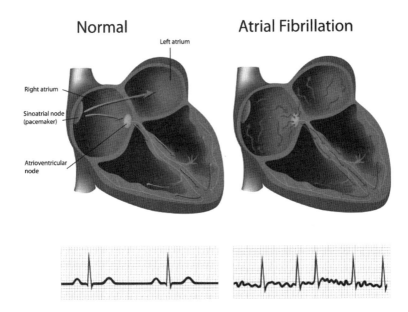

▲ 정상 심장(왼쪽)과 심방세동이 있는 심장 (오른쪽)의 전기 활동.
　(출처: CDC, 미국 질병통제예방센터)

② 심방세동(AF·atrial fibrillation)

심방세동은 심장 내 심방이 규칙적인 수축과 이완 운동을 하지 못하고 불규칙하게 떨기만 하는 부정맥 질환의 일종으로서 뇌경색의 주된 원인이다. 심방 내 정체된 혈액에서 만들어진 혈전이 뇌혈관을 막을 수 있기 때문이다. 현재 미국에서는 65세 이상 약 90%, 65세 미만 약 2%가 심방 움직임이 불규칙하거나 가늘게 떨리는 증세인 심방세동(AF) 환자이다. 그 숫자는 무려 270만~610만 명에 달하는 것으로 알려져 있다. 미국 질병통제예방센터에 따르면, 연간 75만 명 정도가 심방세동(AF)으로 병원에서 통원 치료를 받고 있으며, 그중 13만 명 가량이 사망하고 있다고 한다.

국내도 마찬가지다. 최근 서울대병원 최의근 교수와 순천향대병원 이소령 교수팀이 국민건강보험공단의 지난 7년간 자료를 분석한 결과에 따르면, 70대 인구 중에서 약 3%, 80세 이상에서는 4% 이상이 심방세동 관련 질환을 가진 것으로 나타났다. 또한 환자수는 2008년 15만 명이었지만, 2015년에는 28만 명에 달했다고 한다. 이는 전체 인구 중 0.7%를 차지하며, 환자 수 또한 7년 전보다 두 배 가까이 증가했다. 이처럼 심방세동 환자가 증가하는 주요 원인은 인구 고령화에 따른 것이다.

뇌졸중 발생률은 궁극적으로 뇌경색 예방치료를 통해 확인할 수 있다. 애플워치와 같은 기기가 있으면 AF를 조기 발견하는 것이 가능해져 더 효과적인 치료를 할 수 있다.

③ 미국식품의약국(FDA) 사전인증 파일럿 프로그램

4세대 애플워치의 새로운 기능 중 '심장박동 이상을 감지해 알리는 기능'과 '심전도(ECG) 센서'는 의료 기능에 해당한다. 애플은 이를 구현하기 위해 미국식품의약국(FDA)의 승인을 받았다. 애플은 FDA의 승인을 얻기 위해 2개의 연구 결과를 제출한 것으로 알려졌다. 애플이 제출한 데이터 세트는 심방세동 증상을 가진 사람과 건강한 사람이 각각 절반인 588명을 대상으로 한 시험이었다. 여기서 앱은 전체 중 10%는 그 증상을 확인하지 못했지만 나머지 90% 중에서 심방세동 환자를 98% 이상 식별하는 데 성공했다.

FDA에 보낸 두 번째 데이터 세트는, 스탠퍼드대학과 공동으로 진행하고 있는 불규칙한 심장 리듬을 애플워치로 식별하기 위한 앱인 '애플 하트 스터디(Apple Heart Study)'의 데이터였다. 이 응용 프로그램은 불규칙한 심장 리듬을 가진 226명의 사람들을 처음으로 발견하고 확인했다. 기존 심박수 측정 장치는 심방세동 환자를 41%밖에 확인할 수 없었던 반면, '애플 하트 스터디' 앱은 79%가량 식별하는 데 성공했다.

▲ 애플 하트 스터디 (출처: 스탠퍼드대학)

FDA로서는 따라서 승인해줄 수 있는 조건이 충분하고 중요했을 것이다. 국가 차원에서 의료 복지는 그 첫 번째가 예방의학으로서, 비용이 그만큼 적게 들어가기 때문이다. 최근 FDA는 새로운 책임자 스콧 고틀리브(Scott Gottlieb) 국장이 취임한 후 눈에 띄게 혁신을 장려하고 있다. 승인 가이드라인을 대폭 수정하고, 모바일 및 디지털 기기 승인을 쉽게 취득할 수 있도록 변경하고 있다.

2019년에 FDA는 사전인증 파일럿 프로그램(Pre-Cert Pilot Program)을 발표한 것이 대표적인 사례이다. 이 프로그램을 통해 의료 기기로 소프트웨어를 개발하는 회사는 FDA 승인 절차가 없이도 제품을 만들 수 있다. 이는 개별 제품보다는 소프트웨어 또는 디지털 헬스 테크놀로지 개발자에 초점을 맞춰 디지털 헬스케어 산업 규제를 풀어 환자가 혁신 기술의 혜택을 받을 수 있도록 하기 위한 시도였다. 해당 프로그램에는 애플과 구글 베릴리(Verily), 핏빗(Fitbit), 삼성, 피어테라퓨틱스(Pear Therapeutics), 포스포러스(Phosphorus), 존슨앤존슨, 로슈(Roche), 타이드풀(Tidepool) 등이 참여하고 있다.

애플워치4도 이 파일럿 프로그램을 통해 승인받기 전에 새로운 단말기 제품을 개발했다. 미국 내 관련 전문가들은 해당 프로그램이 중국 기업과 의료기기 분야에서 경쟁하는 미국 기업에게 큰 무기가 될 것으로 기대하고 있다. 현재 애플워치4와 같이 FDA 승인을 받은 기기 및 소프트웨어 등을 통합한 제품을 만든 업체는 5개도 되지 않는 것으로 알려졌다.

(출처: 애플 리서치 킷)

④ 애플 리서치 킷(ResearchKit)

애플은 의료분야 연구를 위한 오픈소스 프레임워크로서 '리서치 킷(ResearchKit)'을 제공해 의료 연구원이 새로운 건강관리 응용 프로그램을 개발할 수 있도록 지원하고 있다. 하지만 앱 스토어에 리서치 킷으로 만들어진 앱은 11개밖에 없다. 따라서 이제 막 시작이라고 볼 수 있다.

전 세계 애플워치 사용자가 아직은 적지만, 미국을 비롯해 유럽, 중국, 일본 등 특정 지역에서는 비교적 연령대가 높은 사용자가 많이 이용하고 있다. 앞으로 폭넓은 연령대에서 사용한다면 더욱 다양한 데이터를 확보해 진단 정확도는 더욱 높아질 것이다.

애플워치뿐 아니라 웨어러블 단말기나 건강관리 앱은 앞으로 의료 진단 형태를 크게 바꿀 것이다. 이들은 심장 발작이나 뇌졸중 파킨슨병의 조기 발견으로 이어질 수 있는 데이터를 수집하고, 당뇨합병증 환자의 관리를 지원하며 투약 시기를 알려주는 등 헬스케어 분야에 크게 공헌할 수 있는 무한한 잠재력을 가지고 있다.

흥미로운 점은 여기에 보험회사가 등장한다는 것이다. 사생활 보호 등에 대한 논란이 있지만, 일부 생명보험 회사는 사용자 활동 추적 사용을 의무화하고 있다. 미국에서 가장 큰 보험사 중 하나인 존 핸콕(John Hancock)은 고객이 생명보험에 가입할 때 인센티브를 활용한 건강 증진 프로그램인 바이탈리티 프로그램에 가입해야 한다. 아직 애플워치나 핏빗 등을 통한 피트니스 데이터 공유는 선택 사항이다.

⑤ 애플워치 관련 특허

현재 센서 및 소프트웨어를 애플워치처럼 작은 패키지에 통합할수 있는 회사는 애플이 거의 유일하다. 그렇다면 애플워치 차기 버전에서 제공할 수 있는 새로운 의료진단 기능으로는 어떤 것이 있을까? 애플의 특허를 통해 그에 대해 살펴보자.

애플워치에 수면 추적 앱이 없다는 것은 수수께끼에 가깝다. 애플워치는 이론적으로는 단순한 수면추적 및 수면 무호흡을 감지할 수있다. 수면 무호흡증 환자의 경우에 자고 있을 때 기도가 막혀 폐로가는 공기가 줄어들거나 아예 막힌다. 이는 제2형 당뇨합병증, 고혈압, 간기능 저하, 코골이, 피로 등을 유발할 수 있다. 실제 수면 무호흡증을 진단하기 위해서는 병원에서 하룻밤을 자야 정확한 진단이가능하다. 수면 무호흡증 검사야말로 애플워치에 적합한 어플리케이션이라 할 수 있다.

맥박 산소 측정은 혈액의 산소 포화도를 측정하는 데 사용되는 검사이다. 현재 애플워치는 적외선 파장 빛이 흡수되는 양에 따라 혈액에 얼마나 많은 산소가 함유되어 있는지를 알 수 있다. 한편 2020년 9월 에플워치 시리즈6에 혈중 산소포화도 기능을 추가했다. 또한 호흡수 측정혈압, 심박수, 체온과 함께 호흡률(1분당 호흡하는 횟수)은 사람의 생체신호 중 중요한 데이터다. 애플워치는 이러한 기능에 대한특허를 가지고 있다.

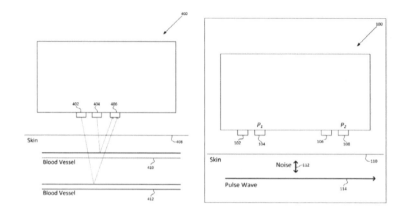

▲ 특허명: MEASURING RESPIRATION RATE WITH MULTI-BAND
PLETHYSMOGRAPHY (출원공개번호 20170164884). (출처: USTO)

⑥ 혈압 측정

미국인 약 1/3이 고혈압 관련 질환을 앓고 있다. 한국도 고혈압 관련 질환 환자수가 1,000만 명에 달할 정도로 많다. 심장질환과 뇌졸중의 위험을 증가시키는 고혈압은 경고 신호나 증상이 없이 나타난다. 특히 대부분 사람들은 자신에게 고혈압 증상이 있는지조차 모르고, 그들 중 절반만 혈압을 관리하고 있다.

기존에 혈압을 측정하려면 팔에 측정 띠를 둘러야 했기 때문에 자주 측정하기가 어려웠다. 하지만 일상생활 중은 물론 스트레스나 수면 상태 등에서도 지속적으로 측정해야 혈압을 정확하게 진단할 수 있다. 2017년 애플은 좌심실에서 애플워치를 착용한 손목까지 혈압 펄스 전파 경로를 모니터링해 혈압을 측정하는 특허 2건을 출원했다.

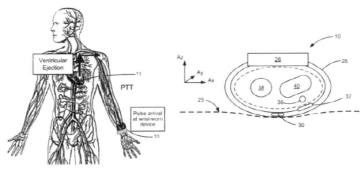

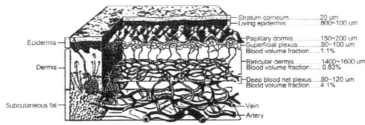

▲ 특허명: WRIST WORN ACCELEROMETER FOR PULSE TRANSIT TIME (PTT) MEASUREMENTS OF BLOOD PRESSURE (출원공개번호 20170281024). (출처: USTO)

⑦ 자외선 차단

애플은 자외선 노출 위험이 높은 곳에서 피부 노출 부위를 알려주는 자외선 감지 센서에 대한 특허를 2018년 7월에 취득했다. 애플워치에 '자외선 차단제 알림 기능'을 탑재해 사용자에게 자외선 차단을 위해 언제 자외선 차단제를 사용해야 하는지를 알리는 특허다.

오늘날은 선크림 사용이 4배나 증가하면서 피부암 발생률도 4배가 증가하고 있다. 이 특허에 따르면, 자외선 센서는 자외선을 감지하고 시간이 지남에 따라 노출을 추적해 사용자의 과도한 자외선 노출을 방지한다. 자외선을 측정하는 센서는 사용자가 실외에 있을 때를 감지해 작동하며, 사용자가 노출되는 자외선 양과 노출 시간 데이터를 수집해 사용자에게 조언을 해준다. 또한 다양한 시간과 날씨의 자외선 지수 데이터를 제공받아, 사용자가 과거에 노출된 자외선 양을 비교, 분석해 미래 활동에 대해서 미리 경고를 해줄 수도 있다. 자외선 치수 정보를 제공받기 위해 애플워치는 위치기반 센서를 동시에 사용한다.

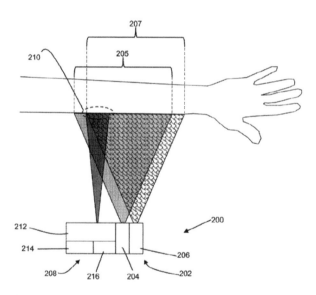

▲ 특허명: Light-based shielding detection (출원공개번호 20180202927). (출처: USTO)

⑧ 파킨슨병 진단 및 모니터링

파킨슨병은 떨림, 경직성, 걷기와 균형, 그리고 조정의 어려움이 나타나는 질환으로서, 미국의 경우에 60세 이상 인구의 1%가 이 질환을 앓고 있다. 국내는 10만 명 정도로 알려져 있다. 이 질병을 진단할 방법은 현재로는 없다. 의사들은 떨림, 경직성, 운동완서(bradykinesia)/운동불능(akinesia), 자세 불안정 등 4가지 징후에서 파킨슨병을 진단한다. 따라서 환자들은 의사에게 가야만 파킨슨병 질환 여부를 알 수 있다.

애플은 움직임과 떨림 감지를 지원하는 리서치 킷 프레임워크에 '이동 장애 API'를 새롭게 추가했다. 연구원들은 애플워치가 파킨슨병 증세를 지속해서 감시할 수 있도록 해당 API를 활용해 파킨슨병 진단 앱 프로토타입을 만들었다.

혈당 모니터링 결과, 1억 명 이상의 미국 성인들이 당뇨 증상이 있거나 당뇨합병증을 앓고 있는 것으로 나타났다. 국민건강보험공단에 따르면, 국내에서도 2017년 기준 약 337만 명이 당뇨합병증 환자로 되고 있다. 당뇨합병증 환자는 하루에 여러 번 피를 뽑아 혈당 수치를 지속적으로 관찰하고 관리해야 한다. 한편 혈당 모니터링 방법 중 의학계의 성배라고 여겨지는, 피부를 통해 혈당 수치를 감지할 수 있는 이른바 비침습 센서가 주목받고 있다. 하지만 이 센서를 구현하는 데에 많은 스타트업들이 도전했지만 그들의 무덤이 되었다. 센서 구현 기술은 실제 해결하기 매우 어려운 것으로 알려져 있다.

애플은 2018년 8월 애플워치를 위한 비침습 혈당 모니터링 센서처럼 보이는 특허를 출원했다. 이 특허 기술이 완성된다면 애플은 산업의 룰을 바꿀 또 하나의 게임 체인저가 될 것이다.

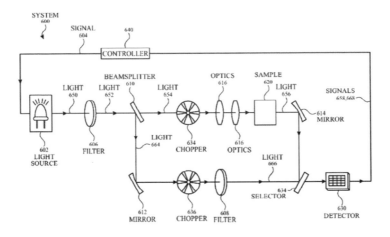

▲ 특허명: REFERENCE SWITCH ARCHITECTURES FOR NONCONTACT SENSING OF SUBSTANCES (출원공개번호 20180238794). (출처: USTO)

센서 및 데이터 센서는 신호를 수신하기는 쉽다. 하지만 특정 신호를 원래 상태와 연관 짓고, 노이즈 등 다른 요인들로 인해 교란되지 않도록 하는 것이 의료기기의 핵심 기술이다. 의료용 데이터 수집이 가능해지면 연속 또는 실시간 전송으로 알고리즘을 훈련시키고, 결과적으로 초기에 질병을 예측하는 데 필수적인 수천만 건의 '건강' 데이터를 저장하고 보고할 수 있을 것이다. 나중에는 적은 데이터로도 더욱 정확한 진단이 가능해질 것이다. 이 분야에서 애플은 뛰어난 알고리즘을 보유하고 있다.

이처럼 수많은 질병을 조기 발견할 수 있는 앱이 FDA 승인을 얻으면, 아이폰 또는 애플워치와 같은 스마트 디바이스가 사람들의 건강을 진단하고 지원하는 강력한 도구가 될 것이다. 이러한 흐름 속에서 선구자로 등장한 애플워치4는 의료의 미래를 바꾸는 첫걸음이 될 것으로 분석된다.

현재 애플뿐만 아니라 구글과 아마존, 마이크로소프트 등 주요 IT 기업들은 다양한 의료 분야에 수백조 원을 투자하고 있다. 특히 아마존은 최근 온라인 약국 필팩을 10억 달러에 인수했다. 필팩은 미국 내 50개 주 전체 의약품 유통 라이선스를 가진 온라인 약국으로서, 고객이 홈페이지에서 회원 가입을 하고 평소 이용하는 약국 정보를 입력하면 필팩 담당자가 고객의 처방전을 받아 1회분씩 각 가정에 배송한다.

또한 추가 진료 없이 처방전만 다시 받아야 할 경우엔 필팩은 해당 병원에 연락해서 처방전도 대신 받아준다. 따라서 매일 똑같이 복용하는 약을 처방받기 위해 병원과 약국을 방문해야 하는, 거동이 불편한 노년층이나 만성 성인병 환자의 경우에 필팩의 맞춤 서비스를 편리하게 이용할 수 있다.

애플과 아마존은 헬스케어 시장을 개척하는 데 있어 65세 노령자를 타깃으로 하고 있다, 두 회사는 미국 증시 사상 처음으로 시가총액 1조 달러를 달성하거나 근접한 기업들이다. 이들의 주가는 고공 행진 중이다.

참고로 심전도 측정 기능이 탑재된 스마트워치는 국내 스타트업체인 '휴이노(HUINNO)'가 2015년에 처음 개발했다. 하지만 규제에 막혀 승인을 받지 못했다. 이후 2018년 7월 '민관합동 규제해결 끝장캠프'에서 휴이노 측이 울분을 터뜨리자 보건당국은 그제서야 '신속 승인'을 약속했다,

이는 시사하는 바가 매우 크다. 애플은 미국 보건당국이 밀어주며 심전도 측정 기능이 탑재된 스마트워치를 개발했다. 하지만 국내 기업 휴이노는 3년 동안 승인을 받지 못해 한걸음도 앞으로 나아가지 못했다. 2020년 8월 삼성전자는 최신 스마트워치 '갤럭시 워치3' 삼성헬스에 혈중 산소포화도와 심전도 기능을 탑재했다. 핏빗도 웨어러블 기기에 혈중 산소포화도 기능을 추가했다.

⑨ 혈액 산소 센서 믿을 수 있을까?

너나 할 것 없이 혈중 산소포화도 기능을 탑재한 웨어러블 기기를 출시하고 있다. 그렇다면 성능은 과연 믿을 만한지 가장 최근에 출시한 애플워치6를 통해 살펴보자.

코로나19 대유행 초기, 약국에서 품귀 현상이 나타난 것은 마스크와 손 소독제뿐만이 아니었다. 혈중 산소량 감소가 코로나19 환자에게서 나타나는 징후가 있다는 소식에 맥박 산소 측정기(Pulse Oximeter)도 마찬가지였다.

맥박 산소 측정기 또는 맥박 산소포화도 측정기로도 불리는 이 전자 기기는 저렴하고 바늘로 찌르지 않는 비침습 기기로, 적혈구가 운반하는 산소에 접근하기 위해 빛의 파장, 즉 LED 조명과 광다이오드를 사용한다. 산소가 많은 세포는 적외선을 더 많이 흡수하고, 산소를 적게 운반하지 않는 세포는 그 반대의 현상을 나타낸다. 이와 같은 정보로 알고리즘이 혈액 산소의 수준을 계산할 수 있다.

▲ 애플워치6가 혈액의 산소 포화도를 측정하는 모습. [출처: Apple]

대부분의 건강한 사람들은 산소 포화도(SpO2)가 90% 이상이지만,

코로나 19 환자 경우에 그 수치는 80%대로 떨어진다. 이 경우 장기 기능을 저하시킬 수 있으며, 호흡 곤란, 가슴 통증, 두통, 빠른 심박(심장 두근거림) 등이 나타날 수 있다.

애플은 2020년 9월 15일(현지 시각) 신제품 발표에서 맥박 산소 측정 기능이 탑재된 애플워치6(Apple Watch Series 6)을 공개했다. 녹색, 적색, 적외선 LED 4개 그룹과 4개 광다이오드(photodiode)를 함께 사용해 혈액 산소 포화도를 측정한다. 빨간색 및 적외선 LED는 산소 측정에 관여하며, 녹색 LED는 펄스 속도를 확인한다. 애플워치6의 산소 포화도 측정은 낮 동안에는 필요에 따라 검사를 수행할 수 있으며, 수면 중에는 자동으로 실행된다.

애플은 이 웨어러블을 '건강과 행복(fitness and wellness)'이라는 콘셉트로 홍보하고 있다. 기존 심전도(ECG) 센서와 달리 의료기기라고 말하지 않고 있다. 이는 애플워치6가 FDA(미국식품의약품)로부터 의료기기로 승인을 받지 않았다는 것을 의미한다.

실제로 워싱턴포스트는 기존 맥박 산소 측정기 의료기기와 애플워치, 핏빗 등의 성능을 비교한 결과 손목시계용 기기 신뢰도가 많이 떨어진다고 보도했다. 같은 기기가 시간에 따라 측정 수치가 불규칙하게 나타났다고 한다. 관련 전문가들은 "어느 정도 공학 지식이 있으면 맥박 산소 측정기를 만드는 것은 비교적 간단하다"며, "하지만 임상적으로 신뢰할 수 있는 기기를 만드는 것은 정말 어렵다"고 말한다.

▲ 워싱턴 포스트가 기존 맥박 산소 측정기 의료기기와 애플워치, 핏빗 등 성능을
비교한 결과 [출처: Washington Post]

▲ 애플워치6 혈중 산소 센서는 LED와 후면 크리스탈 포토다이오드를 활용한다.
[출처: Apple]

그렇다면 왜 이런 문제가 나타난 것일까? 그 이유는 간단하다.

기존 FDA 승인을 받은 맥박 산소 측정기는 대개 손가락 끝이나 귓불에 대고 측정한다. 이곳들은 손목에 비해 모세혈관이 많아서 신호를 더 잘 잡아낼 수가 있다. 측정 부위가 얇아 빛이 통과할 수 있기 때문이다. 하지만 손목에서 측정하는 방식은 빛 통과가 어려워 정확도가 떨어지는 방식인 반사광에 의존해야 한다.

현재 애플은 애플워치 맥박 산소 측정 기능을 활용해 다양한 건강 관련 연구를 시작하고 있다. 심부전 관리와 천식 관리 등을 비롯해 혈액 산소 수치 변화를 코로나 19와 인플루엔자의 조기 경고 신호로 활용한다는 계획이다.

하지만 전 세계 헬스케어 시장을 선도하겠다는 애플의 야심 찬 계획에 애플워치의 산소 포화도 측정 신뢰도가 발목을 잡을 수도 있다. 애플 역시 이 부분에서 고민이 많을 것이다. 한편, 2018년 출시된 4세대 애플워치에 탑재된 '심전도(ECG)' 측정 기능은 전 세계에서 많은 사람의 목숨을 살리고 있다. 출시 당시 애플워치4 '심전도(ECG) 센서'는 FDA 사전인증 파일럿 프로그램(Pre-Cert Pilot Program)으로 의료기기 승인을 받았다.

09

공상과학적 미래, 클라우드와 로봇

1. 레이 커즈와일의 2030년 예언

2015년 6월 4일 구글의 엔지니어링 이사인 레이 커즈와일(Ray Kurzweil)은 뉴욕에서 열린 한 금융 컨퍼런스에서 "인간의 두뇌가 2030년 안에 클라우드 기반의 의식으로 연결되어 우리의 생각은 생물학적인 사고와 비생물학적 사고가 결합될 것이다"라고 말했다. 다시 말해 'Your brain + the cloud = super humans'가 되어 인간의 수행능력을 향상시킨다는 것이다.

또한 그는 "모든 기술은 양날의 검, 즉 긍정과 부정적인 면이 있다"라면서, 부정적인 면을 두려워하면 기술적인 발전과 편의를 가져올 수 없다고 말했다. 커즈와일은 이에 관한 구체적인 예로 "불은 화제를 일으킬 수도 있지만 사람을 따뜻하게 해주고 음식을 요리할 수 있다"라고 말했다.

▲ 레이 커즈와일 (출처: Kurzweilai.net)

커즈와일은 TED와 각종 강연에서 "인간의 두뇌에 삽입하는 나노 로봇 칩이 인간의 두뇌와 컴퓨터가 상호작용할 수 있는 인터페이스로 완성될 것"이라고 말해왔다. 이는 전 세계 지식을 인터넷으로 연결하고, 이것을 다시 뇌와 연결하는 구글의 전략과 맞닿아 있다. 실제로 미 국방부 산하 국방고등연구원(DARPA)에서 가상현실을 100% 현실로 인식하는 시각 피질에 이미지를 주입할 수 있는 니켈 2장 두께의 얇은 신경 인터페이스(DNI)를 개발 중인 것으로 알려졌다.

커즈와일은 이날 나노 로봇에 대한 구체적인 설명은 하지 않았다. 하지만 그동안 커즈와일이 1990년부터 내놓은 수많은 기술 예측의 방향성이 대부분 맞았다는 것을 독자들은 기억할 필요가 있다.

2. 클라우드 로봇이 몰려온다

클라우드 로봇(Cloud Robot)이란 웹 기반의 클라우드 환경을 활용한 로봇을 가리킨다. 즉, 로봇 몸체에 부착된 센서들이 물체와 사람의 이미지, 소리, 냄새,촉감 등을 인식하고 그 데이터를 클라우드로 보내면 검색엔진, 머신러닝, 딥러닝 등의 인공지능이 무엇인지 혹은 어떤 상황인지를 판단해 그에 맞는 동작이나 표현을 하라고 명령하는 것이다. 이때 로봇의 두뇌 역할을 하는 클라우드는 복잡한 모션 생성이나 환경 인지, 상황 인지, 지식 검색 등의 고차원적 수행을 담당한다.

▲ 클라우드 로봇 개념도

기존 로봇들의 경우에는 모든 환경을 프로그래밍해야 하는 용량적 한계와 물리적 한계가 따랐다. 클라우드 로봇은 이러한 물리적 한계를 극복하기 위해서 로봇에 시스템이나 소프트웨어 대신 센서들만 탑재하고 모든 것을 클라우드에서 처리한다.

클라우드라는 명칭은, 구름(Cloud)처럼 보이지 않는 가상공간에 담긴 정보를 활용해 언제든지 활용할 수 있다는 데서 붙여졌다. 클라우드 로봇은 그동안 개념적으로만 존재했다. 구글은 '클라우드 컴퓨팅 방식으로 웹을 통해 다수의 로봇들을 원격 제어하는 기술' 방식에 대한 특허(Methods and systems for robot personality development, 8,996,429)를 2015년 3월 미국특허청에 등록했다. 2012년 4월에 출원한 이 특허는 이를테면 공상과학소설에서나 볼 수 있는 로봇군단 관련 기술특허이다.

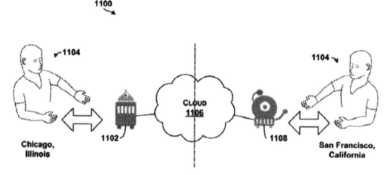

▲ 구글의 특허. 시카고 사용자의 제스처를 로봇이 인지하여 클라우드로 보내면, 클라우드는 상황을 인지하여 샌프란시스코에 있는 로봇에게 명령해 샌프란시스코 사용자에게 시카고 사용자의 제스처에 반응토록 함

현재는 규제가 사람과 로봇/드론이 1:1이지만, 언젠가는 Cloud:N이 될 것이다. 전문가들은 사람들이 전 세계 어디서든 로봇에게 일을 시키기 위해 구글 안드로이드 로봇운영체제(ROS)를 사용할 것이라고

전망했다. 그동안 인수한 보스턴다이나믹스 등 8개 회사의 로봇들이 그 대상이 된다. 이 특허를 사용하면 이론상으로 사람들의 삶은 더 윤택해질 것이다. 로봇과 인간들의 협업은 물론 나아가 사람들은 군집 개미로봇과 군집 벌떼로봇을 이용해 집단지능을 활용할 수도 있을 것이다. 또한 로봇에게 집안일을 시키거나 외출에서 돌아오기 직전에 요리를 시킬 수도 있고, 생활을 위해 매달리는 하찮은 일들을 대신 수행하게 할 수도 있을 것이다.

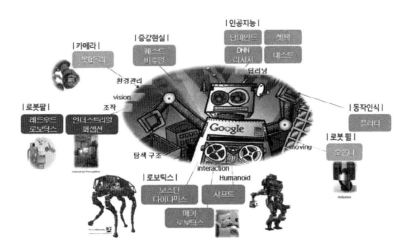

▲ 구글은 그동안 추진한 로봇회사들과 인공지능 등을 융합하여 거대 클라우드 로봇군단을 형성하고자 한다.

하지만 이 기술은 군사용 로봇이나 드론에 먼저 적용될 것으로 보인다. 언젠가는 이 기술을 이용해 벌떼 나노봇을 적군 지역으로 날려

보내 그곳 상황을 마스터에게 빔으로 보낼 수도 있을 것이다. 영화
〈해충 탈출(Vermin Escape)〉에서 보듯, 벌떼 곤충로봇들은 워낙 작아
보이지 않을 뿐만 아니라 인공지능이 탑재되어 있고 다산 번식하므
로 통제 불능의 위협적인 존재가 될 수도 있다. 한편 구글은 유망한
로봇회사 보스턴다이나믹스를 소프트뱅크에 매각함으로써 하드웨어
가 아닌 소프트웨어 기반의 미래 전략으로 방향을 대폭 수정했다.

실제로 이처럼 클라우드에서 조정되는 하늘을 날아다니는 로봇떼
(Flying robot swarms)가 개발되고 있다. 미국 펜실베니아대학 연구원들
이 개발한 날아다니는 로봇떼들은 한 대가 아니라 수십 대가 하나의
팀을 이룬다. 어느 특정 지역에 날아가 사람을 공격할 수도 있고 수
색할 수도 있으며, 나아가 인명을 구할 수도 있다. 또한 다리나 도로
나 건물을 지을 때 철강이나 부품들을 날아다니는 로봇떼들이 서로

협력해 들어올려 설계 도면대로 쌓아올릴 수도 있다. 어디 이뿐인가. 날아다니는 로봇떼들을 이용하여 멋진 콘서트도 열 수 있고 드럼과 피아노를 칠 수도 있다.

미국 하버드대학의 자기조직 시스템 리서치 그룹(Self-Organizing Systems Research Group)이 마치 개미처럼 집단협력 행동을 하는 클라우드에서 조정되는 1,024개의 꼬마 로봇(little bots)인 킬로봇(kilobot)을 개발했다. 이들은 2011년도부터 로봇 개발에 착수하여 2014년 8월에 그동안의 결과를 공개했다. 몇 센티미터에 불과한 개미들이 협력해 거대한 크기의 개미굴을 만드는, 개미의 집단 지능을 활용한 생체모방학(Biomimetics) 또는 생체의생학(Biomimicry) 기술이 그것이다.

킬로봇은 지름 3센티미터의 꼬마 로봇들로, 1,024대가 마치 매스게임을 하듯 일사불란하게 움직인다. 이들은 사전에 설정된(Predetermined) 알파벳 K자나 별(Star) 모양도 만들었다. 킬로봇은 숫자 1,000을 의미하는 킬로(kilo)라는 이름을 따서 지었다. 이 로봇들의 자기조립 알고리즘(Self-Assembly Algorithm)에는 '가장자리를 따라 움직인다', '개미처럼 분산 협력한다', '몸통에 달린 3개의 다리를 진동시켜 움직인다'라는 간단한 작동 원리만 입력됐다.

하지만 다른 로봇이 멈춰 있거나 교통 혼잡이 발생하면 스스로 수정해 나간다. 적외선을 통해 상대방의 위치를 감지하고, 서로 소통할 수 있기 때문이다. 따라서 이는 머잖아 집단 인공지능이나 군용 정찰, 우주 탐사, 살상무기 등 다양한 분야에 활용될 것으로 전망된다. 공상과학영화 영화 〈매트릭스〉(1999)에서는 센터널 감지 로봇 25만 개가 지구의 핵심부인 시온동산을 공격한다. 나아가 클라우드 로봇 기술을 이용하면 조지 오웰의 소설 〈1984〉(1949)에 등장하는 빅 브라더(Big Brother)처럼 사람을 통제하고 감시하는 시스템이 출현할 수도 있을 것이다.

이런 부정적인 시나리오라면 클라우드 로봇기술이 언젠가는 인간의 발뒤꿈치를 물어뜯겠지만, 용감한 영혼들이 나타나 인간을 구원하게 될 것이다. 〈매트릭스〉의 주인공인 네오(Neo)가 나타나지 않으리라는 법은 없기 때문이다.

3. 〈빅 히어로〉가 현실로, 스스로 군집하는 로봇

월트 디즈니의 3D 애니메이션 〈빅 히어로6(Big Hero 6)〉(2014)에 나오는 마이크로 로봇은 조종자의 명령에 따라 스스로 움직이며 서로 달라붙고 떨어질 수 있는 군집로봇이다. 영화 속 주인공은 이 작은 로봇들을 이용해 커다란 로봇 팔을 만들어 무거운 물건을 들어 올리고, 공중에 다리를 만드는 등 원하는 것을 자유자재로 만든다.

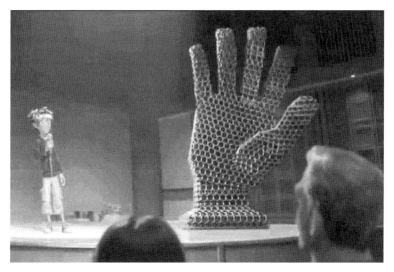

▲ 월트 디즈니 3D 애니메이션 〈빅 히어로6〉 스틸 컷

　이와 같이 현실에서는 도저히 불가능할 것 같은 군집로봇 기술이 개발됐다. 스페인 바르셀로나에 있는 '유럽 분자생물학 연구소(EMBL)' 제임스 샤프(James Sharpe) 교수팀은 군집 형태를 미리 입력하지 않아도 로봇끼리 신호를 주고받으며 무리를 이루는 군집로봇 시스템을 만들었다. 샤프 교수는 영국의 웨스트잉글랜드대학 브리스톨 로보틱스 연구소(Bristol Robotics Laboratory), 게놈규제센터(CRG)와 함께 로봇 공학에 자기 조직의 생물학적 원리를 도입했다. 연구 결과는 2018년 12월 19일(현지 시각) 국제학술지『사이언스 로보틱스(Science Robotics)』에「Morphogenesis in robot swarms」라는 제목으로 게재됐다.

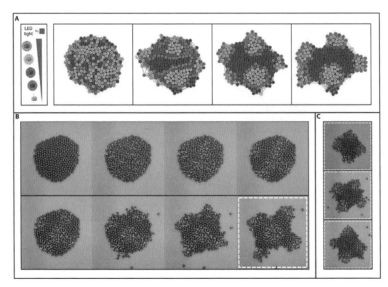

▲ 앨런 튜링의 반응–확산 방정식(미분 방정식)을 적용해 군집로봇이
특정 패턴을 형성하는 모습. (출처: 사이언스 로보틱스)

특히 이번 연구는 2014년 미국 하버드대학 연구팀이 개발·실험한
1,024대의 '킬로봇'이 서로 신호를 주고받으며 별 모양의 군집 구조를
이루는 것과는 개념부터 다르다. 당시 실험은 중앙 컴퓨터에서 제어
하는 수준으로 로봇들이 서로 거리를 유지하는 수준에 머물렀다.

튜링 패턴 연구자들은 그 해답을, 동료와 상호작용하고 군집을 이
뤄 이동하는 철새떼나 개미떼 등 자연계에서 찾고 있다. 연구팀은 동
전 크기의 로봇에 단지 상호 작용하는 기본 규칙만을 만들었다. 이는
생물학 조직에서 세포와 유사하게 행동하도록 하는 프로그래밍이다.
이러한 생물학적 패턴은 영국 수학자 앨런 튜링의 '반응–확산 방정식

(미분 방정식)'을 적용했다.

▲ 스스로 군집하는 로봇의 모습. (출처: 사이언스 로보틱스)

이는 예를 들어 '형태소'라는 세포 속 요소가 서로 확산하고 반응해서 손에 손가락을 배치하거나 표범에 얼룩을 만드는 것과 같은 원리를 말한다. 즉, 컴퓨터 과학과 생물학의 패턴을 결합해 만든 것으로, 연구진은 군집로봇이 오로지 방정식에 따라 움직이도록 했다. 각각의 로봇에 형태소를 부여하고 적외선 신호를 사용해 10센티미터 범위에서 다른 로봇과 통신하면서 튜링의 반응-확산 방정식을 풀도록 한 것이다.

공개된 동영상을 보면 군집로봇 실험은 평균 3시간 반 동안 지속됐다. 생물학에서 영감을 얻은 로봇은 형태 정보를 담고 있는 가상분자인 모르포겐(morphogen, 다세포동물의 형태 형성에 있어서 세포에 위치 정보를 주는 기능이 있는 화학물질의 총칭)을 저장한다. 색상은 개별 로봇의 모르포겐 농도를 나타낸다. 녹색은 매우 높은 모르포겐 값을 나타내고, 파란색과 보라색은 낮은 값을 나타내며, 색상은 로봇의 모르포겐의 가상 부재를 나타낸다.

각 로봇은 10센티미터 범위에서 이웃 로봇과 통신하면서 모르포겐 농도가 낮은 로봇이 농도가 높은 로봇 쪽으로 모여들었다. 또한 방정식 수치를 조절하면 돌출 부위가 자라나기도 했다. 이를 '튜링 스팟 (turing spots)'이라고 한다. 특히 돌출 부위를 인위적으로 잘라내면 돌출 부위가 다시 자라거나 다른 곳에서 새롭게 돌출 부위를 만들어냈으며, 군집 가운데를 반으로 갈랐을 때도 다시 모여들며 군집을 복구했다.

실험에 쓰인 300대의 로봇이 서로 단순한 상호 작용으로 유기체처럼 군집을 이루는 매혹적인 모습은 미리 입력된 마스터플랜에는 없었다. 그동안 20회가 넘는 실험이 진행되었으며, 각 실험에는 약 3시간 30분이 걸렸다.

또한 실제 생물학에서와 마찬가지로 종종 예상하지 못한 사태가 나타나기도 했다. 로봇이 갇히거나, 무리에서 잘못된 방향으로 빠져나가기도 했다. 이 때문에 프로젝트 진행은 어려웠다. 그래서 프로젝트 초기에는 컴퓨터 시뮬레이션으로 진행하였다. 실제 로봇 군집을 처음으로 수행하기까지 약 3년이 걸렸다.

생물학에서 영감을 얻어 로봇 모양이 손상되어도 스스로 복구하는 모습을 보여주는 이번 연구진의 결과는 실제로 응용할 수 있다는 점에서 무한한 잠재력을 가진다. 지진이나 화재가 발생한 재난 현장을 탐색하거나 건물이나 지형에 맞게 스스로 임시 다리를 만드는 등 3차원으로 자기 조직화하는 수백 또는 수천 개의 작은 로봇을 상상해 보라.

10

분산형 기술 블록체인과 DWeb

현재의 웹을 대체하는 새로운 웹 'DWeb'. 월드와이드웹의 다음 단계로 거대 IT 기업들이 주목하고 있는 DWeb. 과연 DWeb은 언제 어떻게 작동되는 것일까?

1. Web2.0의 대항마 Dweb

구글이 검색 서비스를 좌지우지하고 페이스북은 개인정보를 대량으로 축적하는 등 현재 웹 서비스는 거대 서비스 제공자에 의해 관리되고 있다. 이 때문에 표현의 자유와 개인정보 보호는 구조적인 문제를 안고 있다. 이를 해소하기 위해 거대 관리자 없이 개개인이 네트워크로 연결해 생성하는 분산형 웹(DWeb, Decentralised Web)이라는 기술이 떠오르고 있다.

(출처: Decentralized Web Summit 2018)

　구글이 중국에 다시 진출하기 위해 중국 당국이 검열할 수 있는 검색 엔진을 개발하고 있다는 사실이 알려진 당시, 미국 샌프란시스코에서는 월드와이드웹을 만든 팀 버너스 리(Tim Berners-Lee)를 포함한 800여 명의 개발자와 관련 그룹들이 모임을 가졌다. 구글과 페이스북 같은 인터넷 게이트 키퍼를 우회하는 방법에 대한 아이디어를 논의하기 위해서였다. 그들이 진행한 회의는 'DWeb 정상회의(Decentralised Web Summit)'로서, 2018년 7월 31일부터 8월 2일까지 열렸다.

(출처: Decentralized Web Summit 2018)

DWeb이 등장하게 된 배경에는 현재 인터넷을 지배하는 거대한 서비스가 있다. 'Web2.0'이라는 단어가 등장하면서부터 구글, 페이스북, 마이크로소프트, 아마존 등은 중앙집중식 서비스를 통해 서로 통신하고 정보를 공유하기 시작했다. 따라서 전 세계 사용자 정보가 저장되는 중앙집중식 웹은 해킹에 의한 사이버 공격으로 개인정보 유출의 위험을 노출하고 있다. 또한 중앙집중식 서비스가 중단되면 통신이나 저장된 데이터가 손실될 위험이 있으며, 정부가 검열할 수 있고, 수집된 개인정보는 팔려서 광고로 이용될 수도 있다.

이처럼 Web2.0의 폐해를 해소하기 위해 탄생한 것이 'DWeb'으로서, 분산 컴퓨팅을 웹에 활용하는 구조를 말한다. 기존 웹과 달리 DWeb은 먼저 단말기끼리 연결되는 P2P 통신이 기본이다. 여기서 P2P를 연결하는 컴퓨터 단말기는 서비스 요구뿐 아니라 제공에 있어서도 큰 차이를 보인다. 즉, HTTP 프로토콜을 이용해 특정 서버에 저장된 정보에 접근하는 것이 아니라 사용자 자신이 분산된 데이터를 제공하는 매체 역할도 하는 것이다.

이러한 DWeb의 기술적 배경은 기본적으로 '블록체인(Block Chain)'이다. 중앙 집권적인 통화 발행권자를 배제하고 분산 통화로 가상화폐(암호화된 디지털 통화)를 만들어낸 블록체인을 웹에도 적용하자는 것이 DWeb이다. 정보를 한 곳에 모은 것이 아닌 블록체인에 의해 분산 저장한 DWeb은 관리자가 정보를 관리하는 것이 불가능하다.

(출처: Decentralized Web Summit 2018)

DWeb은 이미 시작되었다. '분산 벼룩시장(OpenBazzaar)'이나 구글 문서 대안으로 '그래파이트 독스(Graphite Docs)', 인스타그램 대안인 '텍스타일 포토(Textile Photos)', 슬랙이나 와츠웹의 대안이 되는 '매트릭스(Matrix)', 유튜브의 대안인 '디튜브(DTube)' 등이 바로 그것이다. 기존의 SNS와 다른 '아카샤(Akasha)'나 '디아스포라(Diaspora)'도 있다. 또한 P2P 웹용 브라우저 '비커 브라우저(Beaker Browser)'도 탄생했다.

DWeb은 전통적인 광고형 사업은 작동하지 않는다. 따라서 DWeb은 다른 경제 구조가 필요하다. 그 중요한 관건이 소량을 결제할 수 있는 소액 결제시스템 구축이다. 서비스 이용의 대가를 직접 지급하는 구조라면 광고 시스템에 의존하지 않고 크리에이터가 수익을 얻을 수 있기 때문에, 창작 활동이 활발해지고 나아가 콘텐츠 이용료가 저렴할 수밖에 없다. 또한 블록체인 기술 기반의 DWeb은 개인의 정체성을 담보하는 암호도 필요하다. 즉, 개인을 식별하는 생체인식 등의 인증이 하나면 충분하다.

하지만 단점도 있다. DWeb에서는 관리자가 없어, 온라인 괴롭힘이나 증오 표현 등이 증가할 가능성이 있다. 예를 들어, 잘못된 정보라 해도 삭제를 요청할 수 없다. 이는 최근 유럽을 중심으로 진행되고 있는 '잊혀질 권리'를 크게 손상시킬 수 있다. 또한 아동 포르노 범죄 등 각종 범죄에 관한 정보 등을 삭제하는 것도 어렵다.

현재 DWeb은 장점과 단점이 존재한다. '프로토콜 랩(Protocol Lab)'의 창시자인 후안 베넷(Juan Benet)은 이에 대해 "DWeb의 장점을 살려 중앙집중식 시스템에서는 불가능한 일에 초점을 맞춰야 한다"라고 주장했다. 반면 하버드 로스쿨 연구원이자 『Blockchain and the Law』라는 책으로 유명한 블록체인 전문가 프리마베라 데 필리피(Primavera De Filippi)는 "거버넌스에 관한 큰 문제가 있다. 아무도 책임지지 않을 때에 분산된 웹이 어떻게 모이겠는가?"라며 "특히 돈을 벌고 싶은 회사들이 있을 때에 어떻게 하면 다시 중앙집중화가 되지 않게 할 수 있을까"라며 우려를 표명하기도 했다.

DWeb은 새롭게 싹트고 있지만, 당장 변화를 가져오는 것이 아니라서 느긋하게 지켜봐야 할 것이다. 거대 IT 기업들은 당분간 현재의 구조를 이어갈 것이다. 현 상황을 유지하기 위한 큰 힘이 있기 때문이다.

2. 10년 후 누가 플랫폼을 장악할 것인가

10년 후에는 과연 누가 플랫폼을 장악할까? 많은 논의가 있겠지만 필자들은 클라우드 AI에서 엣지 AI, 그리고 엣지 AI에서 클라우드 AI, 즉 하이브리드를 구축한 기업이 플랫폼을 장악할 것이라고 생각한다.

지금까지 모든 서비스는 중앙 집중식으로 클라우드에 저장되었고, 이로 인해 개인정보 유출 등 많은 폐해가 나타났다. 이에 대해 애플과 페이스북, 구글 등 글로벌 IT 기업들이 새로운 움직임을 보이고 있는데, 예의 주시할 필요가 있다.

또한 퀄컴, 삼성전자, 애플, 인텔 등은 최근 인공지능 칩 개발에 주력하고 있다. 그 이유는 엣지 컴퓨팅의 구현, 즉 클라우드와 엣지가 하이브리드로 서로 주고받기 위함이다. 이 과정에서 블록체인 기술은 강력한 힘을 발휘할 것이다.

블록체인 기술은 나날이 발전하고 있다. 조만간 Dweb이 상용화 될 것이다. 그 과정에서 데이터 활용을 위해 암호화 된 개인정보를 풀어야만 하는 문제가 발생한다. 이러한 문제를 해결하기 위한 기술로 '동형암호화'된 데이터의 머신러닝이 있다. 4세대 암호인 '동형암호'는 암호화된 상태에서 계산이 가능한 암호를 말한다. 즉, 암호화된 데이터를 복호화하지 않고 암호화된 상태 그대로 통계분석 및 머신러닝을 수행하는 기술로, 특히 양자컴퓨터 시대에도 안전한 새로운 암호

기술이다.

동형암호를 이용한 머신러닝 분야에서 서울대 수리과학부 천정희 교수팀이 2017년 10월 미국에서 열린 '게놈 데이터 보호 경연대회'에서 마이크로소프트연구소, 스위스EPFL 공대, 벨기에 루뱅대 등을 제치고 우승을 차지해 세계적인 주목을 받고 있다. 하지만 동형암호 기술은 극복해야 할 문제가 몇 가지 존재한다. 평문 연산에 비해 속도가 수십 배 느리고, 저장 공간을 수백 배 이상 차지한다는 단점이 있다. 현재 이 단점들을 개선하기 위해 연구가 활발히 진행되고 있다. 동형암호의 기술적 문제를 극복하기 위해서는 동형머신러닝 알고리즘을 개발하고, 효율적인 동형암호 알고리즘 개발과 고속 구현, '클라우드 AI <-> 엣지 AI' 구현, 블록체인 구현을 해야 한다.

W3C도 웹 기반 블록체인 구현(Dweb)을 위한 논의가 활발히 진행 중이다. 머지않아 Dweb이 스마트폰에 깔릴 것이다. 그렇게 되면 결국은 하이브리드로 클라우드 AI <-> 엣지 AI를 구현하는 기업이 세상을 지배할 것이다. 현재 이 분야에서는 애플이 가장 눈에 띄는데, HAS(Hardware Ai Software)를 갖춘 유일한 기업이라 할 수 있다. 애플은 조만간 3D OS를 출시하고, '아이 클라우드 베이스의 안전저장지식박스(iCloud Based Safe Deposit Box)'를 블록체인 기술로 구현할 것으로 예측된다. 따라서 우리나라도 하루 빨리 세상을 바꾸는 게임체인저 기술에 미리 대비해야 할 것이다.